教育相談とカウンセリング

子どもの発達理解を基盤として

金子智栄子
［編著］

大芦　治
金子功一
金子智昭
鈴木公基
松尾直博
吉村真理子
［著］

樹村房

はじめに

2016(平成28)年度の教育職員免許法改正に伴い，教員養成課程はコアカリキュラムとして大幅な再編成が求められることになった。2019(平成31)年度の本格的実施に向けて，従来の「教科に関する科目」「教職に関する科目」「教科又は教職に関する科目」の3区分が廃止され，教科・教職に関する科目の分断と細分化が改善された。ただし，『教育相談』は改正前とあまり変わることなく，「教育相談(カウンセリングに関する基礎的な知識を含む)の理論や方法」として幼稚園から高等学校に至るまでの免許取得に必要な重要な科目となっている。実際に，2007(平成19)年における文部科学省の報告(「児童生徒の教育相談の充実について—生き生きとした子どもを育てる相談体制づくり—(報告)」平成19年7月　教育相談等に関する調査研究協力者会議)では，教育相談は学校における基盤的な機能で，教員一人ひとりが教育相談に対する意識を高めることが大切であり，教員養成の段階から教育相談の在り方や方法を体系的に学ぶことが必要であると指摘されている。

教員免許状取得において「教育相談」は重要な科目であり，本書は「教育相談」のテキストとして企画されている。幼稚園から高等学校に至るまでの教員養成課程はもちろん，保育士養成課程においても適用できるよう構成してある。序章では教育相談とカウンセリングの相違性を踏まえ，1章と2章ではカウンセリングと発達に関する基礎的知識を得て，3章から4章で乳児期から青年期さらにそれ以降の発達的特徴を知り，その発達期ゆえに特に生じやすい問題行動にいかに対応するかを理解できるようにした。さらに，5章では障害児への理解と教育的援助，6章では子ども理解のためのアセスメントについて詳細に述べた。特に7章では活用できる社会的サポート資源を紹介し，その資源を生み出した政策つまり社会的背景をも明らかにした。

つまり，カウンセリングに関する基礎的な知識や技法，発達期特有の問題行動とその対応，特別支援，アセスメント，社会的資源への理解と活用というさまざまな観点で教育相談を捉えているところに本書の特徴がある。教職課程の再編においてコアカリキュラムが強調されているように，カウンセリング論・発達心理学・臨床心理学・特別支援教育・測定と評価・ソーシャルワークなどという多種の科目を包括しているところに，本書の有用性があると著者一同自負している。

なお，子どもの発達理解を踏まえた「カウンセリング」に関するテキストは，『子どもの発達理解とカウンセリング』と称して，2006年に初版が発行され，今日まで一定の評価を得てきた。しかし，約10年の月日が流れ，データ・制度・用語などを修正する必要性が出てきており，このたび新しいテキスト「教育相談とカウンセリング―子どもの発達理解を基盤にして―」として名称新たにリニューアルすることにした。

著者一同，乳幼児から中学・高校生までをも対象とする保育者・教育者の養成課程で，本書が広く活用されることを願っている。

最後に，本書の企画から出版に至るまで格別の激励とご支援をくださった樹村房の大塚栄一氏に深い感謝をささげたい。

2018年2月

編著者　金子智栄子

[本書の執筆分担]

序章	金子智栄子	4章	大芦　治
1章	鈴木　公基	5章	松尾　直博
2章	金子　智昭	6章	金子智栄子
3章	吉村真理子	7章	金子　功一

教育相談とカウンセリング＝もくじ

序章　教育相談の意義と捉え方

（1）　教育相談の重要性

現代社会は，いじめ，不登校，自殺，発達障害，少年犯罪の低年齢化，ネット犯罪の増加，児童虐待，家庭の養育力や教育力の低下など，多くの教育問題を抱えており，それらは学校教育上の課題ともなっている。さらに，児童生徒は，学業成績や進路，部活動などをはじめとして，友人・異性・家族などのさまざまな人間関係においても，一人ひとりが異なる悩みやストレスを抱えている。児童生徒の抱える悩みは，大人の場合と異なり，自ら解決しにくく，虐待など自らの責任に起因しないものも多い。このため，児童生徒の悩みやストレスに対して，適切かつ迅速に対応できるように教師各自が教育相談の理論や方法を獲得していることが必要である。それは，児童生徒が安心して学習に取り組む心理的環境を形成するためにも欠かせないことと考える。

教育相談はことばを媒介にするため，自分の気持ちをことばで表現できるようになる小学生以上が対象となりやすい。教育相談に関するテキストは，青年期(思春期)以降を対象にしたものが多いようである。しかし，乳幼児の愛着形成が青年期の対人関係に影響を与えるなど，発達には関連性や連続性がある。対象者を的確に理解するためには，対象者が発達段階に沿って適切な経験をし，発達課題を順調にこなしているかを推察する必要がある。したがって，児童期はもちろんのこと青年期以降を対象にした教育相談においても，発達的過程への知識や視点を持つことは重要である。

近年，幼稚園教育においても教育相談の重要性が高まっている。それは，少子化など子どもを取り巻く環境の急変に対応すべく，幼稚園の機能や役割が，通常の保育の充実に加えてさらに一層広がっているからである。地域においては，子育て家庭における保護者の負担，不安や孤立感の増加など，養育機能の変化に伴う子育て支援が求められている。2002(平成14)年における文部科学省の幼稚園教員の資質向上に関する調査の報告においても，幼稚園教員に求められる専門性のひとつとして「保護者及び地域社会との関係を構築する力」が挙げられており，「幼稚園は，通常の教育活動や園児の保護者への対応やPTA活動の場だけではなく，地域の幼児教育のセンターとしての機能を発揮し，未就園児の親子登園，子育て相談，園開放，子育て情報の提供など子育て支援活動を展開することが求められている。このような局面で，園長や教員は，カウンセリングマインドをもち，保護者たちの悩みを受け止め，円滑にコミュニケーションをとることが求められている。」とある。

一方，保育士においても，1999(平成11)年に改訂された保育所保育指針では，子どもを取り巻く環境の急変に対応すべく，保育所の機能や役割が，通常の保育の充実に加えてさらに一層広がりつつあることが明示された。地域においては，子育て家庭における保護者の負担，不安や孤立感の増加など，養育機能の変化に伴う子育て支援が求められるようになり，現在でも重要な機能となっている。さらに，2003(平成15)年11月に保育士資格が法定化され，児童福祉施設の任用資格から名称独占資格に改められた。保育士の国家資格化から，より一層保育者の専門性の理論的確立が求められ，保育士が専門家として保護者の相談にあたることが職務内容に組み込まれた。保育現場は乳幼児の不適応の改善に努めるだけでなく，保護者への指導や助言までをも行わなければならなくなっている。特に育児相談においては，カウンセラー的姿勢や態度ばかりでなく，子どもの発達の姿を予想し把握して，どのように援助していけばよいのかを保護者に助言することが求められているのである。

（2） 教育相談とカウンセリング

教育相談の内容は，非行，いじめ，不登校，学業不振などから進学，受験にまでと幅広い。担任面談や三者面談などの機会をつくり，児童生徒や保護者の相談に応じることが多い。しかし，実際には学校生活のさまざまな場面，つまり休憩時間，放課後，行事や授業など種々の場面を利用して相談が行われていることが多い。保育所や幼稚園では送迎のわずかな時間に教育相談や育児相談が行われているのを目の当たりにすることがある。臨床場面のカウンセリングが，１対１の閉鎖された特殊な空間の中で行われるのに対して，教育相談は日常生活の中で比較的オープンに行われていると考える。

また，学校教育は教育目標に向かって子どもの行動を変容させるねらいがある。そこで，カウンセリングマインドで有名なカール・ロジャーズの来談者中心療法を念頭に置くと，教師は聞き役で，自分からは積極的に提案しないという姿勢をとりやすい。しかし，学校現場での教育相談では，積極的に提案したり，時には褒めたり，しかったり，諭したりすることも多い。カウンセリングの基礎的理論や技法は「教育相談」を行う上には必要であるが，心理臨床におけるカウンセリングと学校現場での教育相談とはかなりと異なると考える。

つまり教育相談を行うにあたって，発達的特徴を理解し，問題行動の状況や原因を把握し，対処方法を明確にする必要がある。その過程で，保護者などにアドバイスしたり，他の教師や保育者に援助を求めたり，教育センター・病院・福祉施設などの関連機関と連携したりすることもある。状況によっては，学校当局に働きかけること，子ども集団を組織し直すこともある。いわゆる面接室という個室内に限らず，教育や保育の現場さらにはその外にも行動範囲を広げなければならない。そこで，教育相談を充実させるには，カウンセリングの基礎理論や技術，発達に関する理解，教育技術はもちろんのこと，それだけではなくさまざまな学識と行動力が求められているのである。

（3）教育相談での機能的な連携

近年の学校現場は，教師の通常業務に加えて特別支援教育や保護者対応などの新たな課題が山積し，教師の業務範囲が拡大している。このような多忙さが，教師のバーンアウトを生じさせる一因となっている。現在，教師の援助者として，スクールカウンセラー，スクールソーシャルワーカー，特別支援教育コーディネーターなどがおり，それぞれの専門家と機能的な連携を取ることが，問題解決に繋がるばかりでなく，教師の精神的消耗感を低減すると考える。

スクールカウンセラーは，カウンセリングなどを通じて，子どもの不適応を解消すべく支援する心理の専門職である。スクールソーシャルワーカーは，制度や法律を活用して，子どもを取り巻く環境に働きかけて，家庭，学校，地域の橋渡しなどにより子どもの問題を解決すべく支援を行う者で，社会福祉の専門家である。特別支援教育コーディネーターは，校内や福祉，医療等の関係機関との間の連絡調整役として，あるいは，保護者に対する学校の窓口として，校内の関係者や関係機関との連携協力の強化を図る役割の教員である。そして，個別の教育支援計画を策定して，障害のある子どもを生涯にわたって支援する視点から，一人ひとりのニーズを把握して，教育・医療・福祉などの関係機関，保護者と連携して適切な教育的支援を効果的に行うように努めている。担任教師もしくは教育相談担当の教師は，各々の援助者が持つ専門性や機能の違いを十分に理解し，子どもの不適応解消のために連携することが重要である。

「連携の必要性」は，教育現場ではあらゆる場面で強調されており，それを否定する教師はいないと思う。しかし，一般的に教師は「連携が苦手」と思われている。つまり，教師は援助を求めにくいと言われているのである。筆者も，高等学校のスクールカウンセラーを5年間務めたことがあるが，問題が顕在化し深刻化してから相談にくるケースが見受けられた。教師の責任感の強さから一人で頑張ってしまう場合もあれば，連携したところ仕事が増えて大変だったという失敗体験が基になっている場合もあった。

専門家と連携する場合には，その分野の基礎知識が必要である。スクールカウンセラーと連携するには，カウンセリングの基礎的な知識が求められる。たとえば，心理テストを行うのは心理の専門家であっても，どのようなテストか，あるいはその結果から何が読み取れるのかなど，ある程度の基礎的な知識がないと，報告書の内容が理解できないであろう。

教師や保育者は子どもと直接関わることから，問題行動を発見し支援の窓口となると考える。「変だな」という直感が大切である。子どもの不適応に気づき，専門家と協働して支援の機能的連携を形成し，未来ある子どもの将来を支えていってもらいたい。本書は「教育相談」を中核としてそれに関連する科目の基礎知識を網羅してある。本書にて学び，教育相談における有機的な連携を実現してほしいと願っている。

教育相談とカウンセリング

1．カウンセリングとは何か

（1） カウンセリングの基本的な考え方

1） カウンセリングの定義

最近では，私たちの生活でも多くの場面でカウンセリングということばが聞かれるようになった。もともとカウンセリング(counseling)には「助言，推奨，相談」などの意味がある。したがって，美容室で行われるカウンセリングや，かつらメーカーで行うカウンセリングもカウンセリングであることには違いない。このように，広義にはカウンセリングは相談活動一般を示すものである。

しかし，心理臨床におけるカウンセリングでは，心という観点からより限定的な位置づけがなされている。さまざまな定義が存在するものの，それらの共通点をまとめてみると次のようにいうことができる。すなわち，カウンセリングとは「自分一人ではうまく対処することができない問題によって悩んでいる人に対して，専門的な知識と経験を備えた人が，問題の解決が可能となるように援助すること」ということができるだろう。

このように，人が「解決したい」あるいは「どうにかしたい」などの満たされない気持ち(「悩み」)があるとき，より適切なやり方で心が満足できるよう，専門家がさまざまな支援を行う過程がカウンセリングである。

2) カウンセリングとクライエント

カウンセリングは，自分の心の悩みについて相談をする人と，その相談を受ける専門家の二人がいて成り立つものである。この，相談を持ちかける人をクライエント(client)と呼び，相談を受ける専門家をカウンセラー(counselor)と呼ぶ。また，後に述べる心理療法などでは，心の問題について対処する専門家はセラピスト(therapist：治療者)，問題を抱えて来談する人を患者(patient)と呼ぶ場合もある。

3) カウンセリングと心理療法

カウンセリングとしばしば同じように使われることばとして，心理療法(psychotherapy)が挙げられる。最近では，カウンセリングと心理療法とを区別せずに使うことも多くなってきているが，両者を厳密に区別している専門家も少なくない。

カウンセリングはもともと進路指導の場面で用いられてきたことばであり，心理療法は精神医学の分野で用いられてきたことばという経緯がある。そのためカウンセリングには「教育」あるいは「開発」といった意味が多分に含まれている。それに対して医学の分野で発展してきた心理療法では「治療」の意味合いが大きい。このように，それぞれの対応の目標や内容の違いによって両者を区別する場合がある。

また，カウンセリングでは会話を中心とするやりとりが多いのに対して，心理療法では会話以外の方法が多く用いられることも多い。たとえば，具体的な思考や行動の記録を求める認知行動療法や，遊びを通して心の問題を改善していこうとする遊戯療法などはカウンセリングとしてではなく心理療法として位置づけられることが多い。

(2) カウンセリングの対象と効果

人にカウンセリングを勧めると，「何を相談してよいかわからない」とか「カウンセリングをして意味があるの？」という返答を得ることも少なくない。カウンセリングがどのような悩みを対象としているのか，あるいは，カウンセリングにはどのような効果があるのか，ということについては十分に理解されていないことも多い。ここでは，カウンセリングにおいて対象となる悩みとカウンセリングの効果について述べる。

1）カウンセリングの対象となる悩み

人生において多くの人が持つ悩み　私たちが生まれてから死んでいくまでの間には，さまざまなことが起こる。進学や就職といった進路の問題から，親子関係，友人関係などの人間関係に至るまで悩みを持たない人はいないであろう。

このような悩みは，仲間などの身近な人に相談するなどの日常的な相互作用の中で解消されていくこともあれば，時間の経過とともに薄れていくものも多い。しかしながら，相談相手が身近に存在しない場合や時間が経過しても悩みが薄れない場合などはカウンセリングの対象となる。特に，悩みが持続的・慢性的である場合は，問題の背景に何らかの心的葛藤や悪循環が存在する場合が多いので，専門的なカウンセリングが必要となるだろう。

人生における特別な悩み　普通の生活では経験しないようなできごとに遭遇する人もいるだろう。たとえば，大きな災害で被害を受けたり，犯罪に巻き込まれたりした人たちである。そのような人は，強いストレスを感じトラウマ（心的外傷：trauma）と呼ばれる深い心の傷を負うことになる。トラウマはその人の後の生活に大きな障害をもたらし，日常生活の中だけではなかなか解消されないものとなる。

そのため，そのような経験をした人に対しては，心の傷を最小限にとどめ，できるだけ早くもとの生活に求められるような心理的な対応が必要となる。そのひとつとして，専門家によるカウンセリングや心理療法を受けることも重要となる。

心の病に伴う悩み　悩みをもつ人の中には，いわゆるノイローゼといわれるような症状を示す人もいる。たとえば，ほかの人と接触することに強い恐怖感を抱く人たち，あるいは，まわりのものが不潔に思えて日常生活が円滑にいかないというような人たちである。これらの症状は神経症(neurosis)ともいわれ，本人は自分の症状を強く悩んでいることも多い。

したがって，これらの症状がみられる場合には，医師や心理カウンセラーに受診し，症状に対する診断(見立て)や対処について専門的な処置を受けることが必要である。適切な処置を受けない場合，症状が新たな困難を生み，その人の生活をより窮屈で不幸なものにしてしまうことにもなる。

以上，カウンセリングの対象となる3つの悩みのタイプを述べたが，カウンセリングが広まりつつある今日，ささいな不安や悩みであってもカウンセリングを受けることが生活の質(QOL)を向上させていくうえでも有効と言えるだろう。

2)　カウンセリングの効果

ここでは，カウンセリングの効果について氏原(1999)を参考にしながらみていく。

カタルシス(catharsis)　人には必ずといってよいほど，他人に言えないことや言ってもわかってもらえないことがある。このようなことが多いほど，人の心は欲求不満の状態となり疲労していく。

そのようなとき，自分の話すことを否定せずに聴いてくれる人がいたら，多くの人は気持ちが楽になるのではないだろうか。なぜなら，うっ積した感情を自由に表現することによって，心の緊張がほぐれるからである。カウンセラーがクライエントの話に傾聴することによって得られる，このような効果はカタルシス(浄化)とよばれる。

心理の解明　多くの人が悩みを感じる場合，そこに何らかの不快な感情が存在するだろう。しかし，その不快な感情がどのようなものなのかということを理解するのは必ずしも容易ではない。たとえば，試験で不合格になったとき，その人の感じているのは「悲しみ」なのか「悔しさ」なのか意外とわからないものである。また，その感情がどのような原因で生じているのか，ということも考えてみると難しい。そのようなときに，クライエントの感情を明確にし，感情が生じる理由を探っていくのもカウンセリングの役割である。自分にとって曖昧だったものがはっきりしていくと，その人の欲求不満は低まり心が安定してゆく。

教育　多くの人の悩みは，自分の人生をどのように生きていけばよいかということにつながっていくと言えるのではないだろうか。自分が人間らしく生きていくために，実際にどのように振る舞っていけばよいのか，それを自分一人で考えるのは辛く困難である。カウンセリングでは生き方を考える方法についてクライエントに教育するとともに，それについて一緒に考えていくことがある。そのことによってクライエントは，不安とうまく付き合いながら，自分の生き方について考えていくことができるようになる。

パーソナリティの変容　自分がうまくいかないという悩みを持ったときに，中には自分を変えたいと思う人もいるだろう。たとえば，自分が忘れてしまった思いを取り戻したいとか，素直でない自分を素直にしたいといったものである。ただし，そのような変化はその人のパーソナリティと深く関わる問題であり，一朝一夕で解決されるものではない。カウンセラーは，変化を求めるクライエントに対して方向性を見つけ，その努力を支援していく。このようにカウンセラーがクライエントと共に歩むパートナーとなることにより，人は徐々に自分のパーソナリティをより良い方向に変容させていくことができる。

（3）カウンセリングのプロセス

実際のカウンセリングにおいては，どのようにしてクライエントが変化していくのであろうか。多くのクライエントは，カウンセリングの中でいくつかの段階を経て適応的になっていく。ここでは，多くのカウンセリングに見られる一般的なプロセスについて説明する。

1）導入期

カウンセリングは，まずクライエントが申し込みを行うところから始まる。申し込みを受けると，クライエントは受理面接（インテーク面接）を受けることとなる。ここで，主訴（どのようなことで悩んでいるか），これまでの経過，家族構成などの基本的な情報が確認される。これらの情報を踏まえた上で，後の対応目標・対応方針が決定される。

そして，いよいよカウンセリングが始まる。導入期においては，クライエントとカウンセラーとの間に十分な信頼関係(ラポール：rapport)が形成されることが大きな目標となる。カウンセラーはクライエントの話をじっくりと聴き(傾聴)，クライエントが自分自身の感じていることや考えていることをできるだけ包み隠さず表現する(自己開示：self-disclosure)ことができるように支援する。これらを通して，クライエントはカウンセリング場面を心地よいもの，自分にとって意味のあるものと認識し，カウンセラーに対する信頼感を増加させていく。

2)　自己探索期

カウンセラーとの信頼関係が形成されると，次に，自分の問題について確認する段階に入る。具体的には，自分は「なぜ」そのことについて悩んでいるのか，そしてその問題について「どのように感じ，考えて」いるのか，ということである。このように自分自身の悩みに改めて目を向け，自分の心を探っていく(洞察：insight)。カウンセラーは共感的な応答や問題を掘り下げていくための質問を行いながら，クライエントがうまく自己探索できるように支援していく。こうして，クライエントは自分の悩みを確認し，時には，自分でも気づいていなかったような感情や考えを抱いていることを発見する。

3)　自己直面期

自己探索期を通して，カウンセラーはクライエントの問題についてより理解を深めていくことになる。そのような自己探索過程の中で，カウンセラーはクライエントの対処すべき問題を発見していく。

さらにカウンセラーはクライエントが問題に直面できるよう支援する。たとえば，クライエントが述べる事柄の矛盾する点や，クライエントが避けてきた問題を指摘したりする。クライエントにとっては辛さを感じる時期であるかもしれないが，カウンセラーはその辛さに共感的に対応し，クライエントの問題に共に寄り添う姿勢を伝えながら，クライエントが問題に直面化することができるよう支援する。

4）自己調整・行動期

自分の問題をクライエントが理解すると，次の段階ではその問題に対してどのように取り組んでいけばよいのか考えるようになる。たとえば，問題の改善のためにはどのような計画を立てればよいのか，具体的にどのように行動していけばよいのか，といったことである。

カウンセラーは，クライエントが実行可能な計画を立てられるように支援する。そして，クライエントが実際に計画を行動に移したときには，その結果について共に評価し，必要に応じて計画の修正を行っていく。このように，自分の問題を克服するために具体的な努力を行っているクライエントのリズムや計画の調整を行っていくのが，この段階のカウンセラーの役割である。

5）終結期

クライエントが自分自身で問題を克服するための具体的な行動をすることができるようになり，成果を得ることができるようになれば，カウンセリングの終結が近づいてくる。

クライエントは自分がどのように変化し成長してきたかということについて振り返る。自分の成長を確認することは，クライエントが自分の生きる力に自信をもつことにもつながる。カウンセラーはこの振り返りの作業を支援していく。

クライエントが自身の成長を確認すると，カウンセラーはカウンセリングの終結を提案する。そこでクライエントが同意をすればカウンセリングは終結する。もしクライエントが不安を抱くような場合であれば，段階的にカウンセリングの回数を減らしていくなどして，無理のないように終結する場合もある。

以上のように，クライエントの悩みを効率的に，また無理のないやり方で改善していくのが，心理カウンセリングと言えるだろう。

2．カウンセリングの諸理論

（1）精神分析理論

精神分析理論はフロイト(Freud, S.；図1－1)によって体系化された心についての理論である。精神分析理論には3つの主要な考え方がある。

1）心の構造

精神分析理論の特徴のひとつは，人の心をイド(id)，自我(ego)，超自我(superego)の3つの部分からなると考えていることである。フロイトはこのことを図1－2のように表している。

イドは，人の心が活動する上で必要なエネルギーを供給している部分である。たとえば，「愛されたい」とか「満たされたい」という欲求はイドからもたらされるものと考えてよい。しかしながら，イドは，現実的な方法によってその欲求を満たそうとせず，即時的・直接的に欲求を充足させようとする。このような傾向を快楽原則(pleasure principle)という。そのため，イドは「わがままな心」の部位ということもできるだろう。

超自我は良心や道徳心といったものから成る部分である。超自我は，発達の

図1－1　フロイト

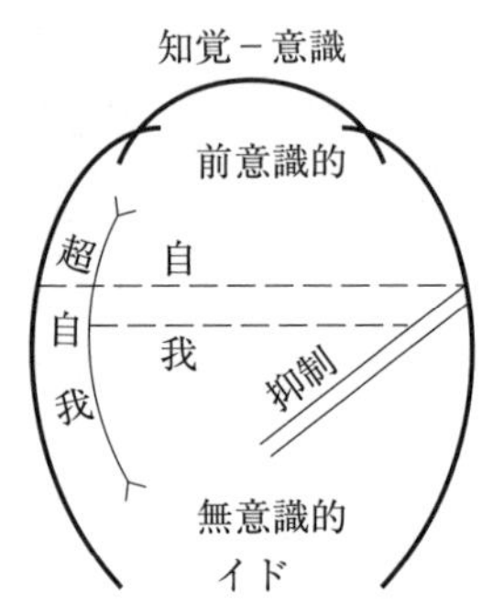

図1－2　フロイトの心の構造
(Freud, 1933)

過程において，親の姿を見ることや親からしつけを受けることによって形成されていくものと考えられる。私たちが必要にかられて嘘を言ったときにでさえ罪悪感を覚えるのは，この超自我の働きといえる。また，超自我はイドから発せられるわがままな心を検閲したりあるいは押さえつけたりする機能も持っている。このようなことから，超自我は「あるべき姿をもつ心」の部位ということもできるだろう。

最後に，図の上方に位置する自我について見てみる。自我は，イド，超自我，外界のそれぞれからもたらされる要求の調整を行う部分である。たとえば，「お金がほしい」という欲求が存在するときに，イドは人から奪ってでもその欲求を満たそうとする。一方，超自我はそのような社会的に認められないイドの衝動を抑え込もうとする。最終的に「仕事をしてお金を稼ぐ」といったより現実的な行動が選択されるとき，それは自我がイドと超自我の葛藤を調整した結果ということができるだろう。このように，自我は現実に沿った形で欲求を満たそうとすることから，現実原則(reality principle)に従っているといわれる。

2) 意識と無意識

精神分析理論の偉大な貢献のひとつに，人の心に意識の側面ばかりでなく無意識の側面が存在することを唱えたことが挙げられる。

意識とは，私たちが感じたり考えたりするもの，自分の経験だと感じることができるものである。したがって，私たちの日常生活において自覚される物事はすべて意識である。

しかしながら，実際には人の行動は意識されないものによって左右されていることがある。誰でも，現実にはなかなか認められないような欲求や衝動をもっている。そのような欲求や衝動は抑圧(repression)という働きによって心の奥底にしまい込まれる。そして，日常生活において意識に上ってくることはほとんどない。ただし，それらはちょっとした言い間違いという形で生活に表れてくることがある。また，夢という形で意識に上ってくる場合もある。

先に述べた，イド，自我，超自我のそれぞれの心の部分も多くは無意識の働きと考えられている。精神分析においては，無意識レベルの葛藤が心理的な不適応をもたらしていると捉えており，無意識の意識化が重要な課題とされる。

3）防衛機制

私たちは，時として自分の素直な気持ちに反したことを言ったり，行動したりすることがあるだろう。精神分析理論の立場からは，このような傾向は防衛機制の働きとして捉えることができる。

防衛機制とは，不安や恥ずかしい思いなどの不快な感情を避け，心理的な安定を図るために用いられるさまざまな心の働きである。このような防衛機制は通常，私たちの意識レベルでは行われず，知らず知らずのうちに行われているものである。どのような防衛機制が存在するのかということについては，S. フロイトの娘であるアンナ・フロイトによって整理された。その代表的なものを表１−１に示す。

これらの防衛機制は私たちの日常生活の多くの場面で見られるものであり，その人が防衛機制を用いているからといって必ずしも異常ではないということに留意する必要がある。しかしながら，ある防衛機制が柔軟性を欠いて頻繁に用いられるようになり，その人の社会生活に支障が出てきた場合，それは病的な防衛機制と考えられ治療の対象となる。たとえば，職場や学校で他の人と会うことを恐れて，腹痛を訴えて職場や学校に行かなくなる（「逃避」と捉えることができる）ことが繰り返されるのは，その人の社会生活にとって好ましいものではない。このような場合は，防衛機制の存在に気づき，それを修正していくことが治療の目標となる。

（２）ユング心理学のアプローチ

ユング（Jung, C. G.；図１−３）はもともとS. フロイトの弟子であったが，彼との考え方の違いから独自の理論を発展させた。ユングは人の深層心理の分析に焦点を当てていたため，その立場を分析心理学（analytic psychology）と呼ぶこともある。

ユング心理学においては，精神分析理論と同様に無意識に大きな関心を向け

表1－1　主な防衛機制(前田，1985　を一部改変)

種　類	内　容	具体例
抑　圧	苦痛な感情や欲情，記憶を意識から閉め出す	抑制，臭いモノにふた
逃　避	空想，病気などに逃げ込む	回避，逃げるも一手
退　行	子どものような行動をすることで，現実から逃避する	童心に帰る
置き換え(代理満足)	欲求が阻止されると，それより要求水準の低い対象に目標を下げて満足する	妥協する
転　移	特定の人へ向かう感情を，よく似た人へ向けかえる	親に似た人を好きになる
昇　華	社会的に受け容れられがたい欲望や考えを代わりに社会的に受け容れられるやり方で置き換える	芸術家，格闘家
補　償	劣等感を他の方法で補う	碁で負けたら将棋で勝て
反動形成	本心とは反対のことを言ったり，したりする	弱者のツッパリ
取り入れ	相手の特徴を自分のものにする。同化して自分のものとする	相手にあやかる，真似
同一化(同一視)	相手を取り入れて自分と同じだと思う	仲間の成功を誇る
投　射(投　影)	他人へ向かう感情や要求を，他人が自分に向けているものと思う	疑心暗鬼を生ず
合理化	無理な論理で自分や他者を納得させる	すっぱいぶどう
知性化	感情や欲求を直接出さずに，知的な論理や考えで自分や他人を納得させる	屁理屈

ている。しかし，精神分析学より無意識にはさまざまな側面があることをユング心理学では唱えている(図1－4参照)。

1)　個人的無意識(personal unconsciousness)

個人的無意識は，精神分析理論における無意識にほぼ相当するものである。自分にとって感じたくない思いや嫌なできごとを意識しないために，無意識に抑圧したものである。すなわち，それぞれの人に特有な内容の無意識の部分であるため個人的無意識と呼ばれる。

2)　集合的無意識(collective unconsciousness)

集合的無意識は，個人的無意識よりも深いところにあるものであり，人類やあるいは動物にでさえ共通で普遍的なものである。ユングは神話や昔話の中に

図1－3　ユング

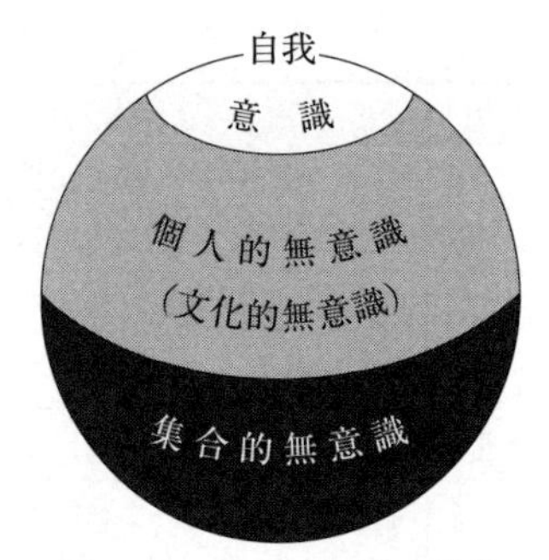

図1－4　ユングの心の構造
（河合，1977）

共通の要素がみられることや，精神病患者が語る内容に共通性があることなどからこの存在を仮定した。どのような人も共通に持っている無意識の部分であるため集合的無意識と呼ばれる。

またユングは，集合的無意識の中でも特に共通した内容の部分を元型（archetype）と呼んだ。元型は人が生まれたときから備えているものと考えられている。たとえば，乳児が誰に教えられるわけでもなく母親のお乳を吸うのは，そのような行動パターンが元型に組み込まれているからだとユング心理学では考える。

また，ユングは夢分析を通して，共通した登場人物が出現することから，元型の中には，太母，老賢者などの人類に共通する人物についてのイメージも含まれているとしている（表1－2）。

（3）　クライエント中心療法のアプローチ

クライエント中心療法はロジャーズ（Rogers, C. R.；図1－5）によって創始された心理療法であり，わが国のカウンセリングに対して最も大きな影響を及ぼしているものである。ロジャーズの理論は，クライエント自身が問題を解決する可能性に大きな信頼をおいている点に特徴がある。歴史的にも，非指示的療法（non-directive therapy）→クライエント中心療法（client-centered therapy）→体験過程療法（experiential psychotherapy）→パーソン・センタード・ア

表1－2　夢分析における人物イメージの分類

分　類	夢への登場の仕方	意　味
グレートマザー（太母）	母親，祖母，おばさん	生み出すもの，温かく育むもの，受け入れてくれるもの，優しさと生命力
オールドワイズマン（老賢者）	祖父，おじ，上司，社長，先生	秩序や善悪を指し示し，知恵を与え，その人の成長を導く
ペルソナ（仮面）	衣装，装飾品	誰もが社会生活や人間関係をスムーズに運ぶためにかぶっている仮面
アニマ（男性の中にある女性性）	恋人，異性の友人，異性のきょうだい	強いばかりの男性は，支配し命令することはできても，他人との深い関わりを結ぶことはできない
アニムス（女性の中にある男性性）	父親的な男性，スポーツマン，学者	女性の精神に論理的な思考や合理性，決断力をもたらす
シャドウ（影）	同性の友人，同性のきょうだい	自分で気づいていない自分の影の部分，未発達であるがこれから発達する部分
子ども	少年，少女	これから育つ新しい可能性
セルフ（心全体の調和を司る超越的な働き）	曼荼羅図形，神，女神，仏，釈迦，キリスト	心がバランスを取っている状態，あるいは，不安定な心が必死で安定をはかろうとしている

プローチ（person-centered approach）と，クライエント自身の力を引き出そうという考え方で一貫している。ここでは，そのような変遷をたどった中からクライエント中心療法の基本的な人間観，カウンセラーの態度について述べていく。

1）　クライエント中心療法の人間観

実現傾向（actualizing tendency）　クライエント中心療法においては，クライエントには「有機体を維持し，強化する方向に全能力を発展させようとする傾向が内在している」と考える。有機体とはその人自身の心身と読み替えてもかまわないだろう。すなわち，どのような人にも，自分自身の心とからだを自分自身の力によってうまく機能させていこうとする欲求があり，また，それを実現させる力があるということである。

不適応についての捉え方　ロジャーズは，どのような状態が人にとって不適応なのかということを2つの円を使って説明している（図1－6）。1つめは

図1－5　ロジャーズ

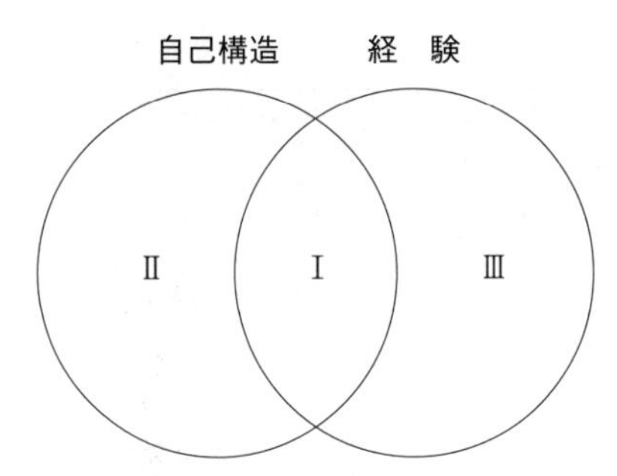

図1－6　自己の構造と経験の不一致
(Rogers, 1951を改変)

自己構造(self-structure)の円，もう1つは経験(experience)の円である。自己構造は，その人自身が自分をどのように認識しているかということを示すものである。この中には，自分はこのようにありたいという価値観も含まれる。経験は，その人が実際の生活の中で感じているものである。そして，この自己構造と経験が重なっている部分が多いほどその人は適応的であり，重なりが少ないほどその人は不適応的であることを示している。言い換えれば，自分の理想やあるべき姿があり，実際にそのように生活できていると思えるほど適応的な心理状態であり，そうでないと思う人ほど不適応的な心理状態ということができる。

十分に機能する人間　ロジャーズは人が最も実現された状態を，十分に機能する人間(fully functional person)と呼んだ。これは，クライエント中心療法における最終的な目標ともいうことができるだろう。十分に機能する人間としてロジャーズは，以下のような特徴を挙げている。

① その人が自分の心が何をどのように経験しているのかということを知ることができる。
② 新しい経験を自分の中に柔軟に取り入れることができる。
③ 他者との調和を保って生活することができる。

2) カウンセラーに求められる態度

クライエント中心療法においては，クライエントにとって建設的なパーソナリティの変化が生じることを目的としている。このような変化が生じるために必要なカウンセラーの態度条件を，ロジャーズは以下のように示している。

共感的理解(empathic understanding)　クライエントの内面的な世界を，自分自身のものであるかのように感じることである。クライエントが怒りや悲しみの感覚をもっているのであれば，セラピストはそれを自分の感覚であるかのように捉えるのである。

無条件の肯定的配慮(unconditional positive regard)　セラピストはクライエントの体験のすべてを，そのクライエントの一部として受容する。すなわち，クライエントのポジティブな感情とネガティブな感情のどちらも，また，適切にできていることと適切にできていないことのどちらをも受容するのである。

純粋性(genuine)　セラピストは自分自身が感じたことと表現とが一致している。すなわち，防衛をせずに感じたままにクライエントに対して伝えるということである。

このようなカウンセラーに求められる態度は，わが国におけるカウンセリング・マインドの基本的な考えにもなっている。

（4）　認知行動療法的アプローチ

認知行動療法(cognitive behavior therapy)は，それ以前に発展してきた行動療法(behavior therapy)や認知療法(cognitive therapy)を統合したものである。ここでは，初めに行動療法，認知療法の基本的な考え方について触れた後，認知行動療法について述べていく。

1）　行動療法

行動療法の基本的な考え方　行動療法は，実験心理学で研究されてきた条件づけや学習の原理を心理的・行動的問題に応用しようとした治療技法である。行動療法の理論には，客観的に観察可能な現象のみを対象にしようとする理念や，人の行動のほとんどが学習されたものという考えが根本にある。したがって不適応行動は，その人の生活の中で学習されたものであり，不適応行動を適応行動に置きかえることが行動療法における主要な治療目標となる。このように，行動療法では人の不適応行動を心の問題としてではなく，あくまでも行動の問題として捉えることに重きがおかれる。

二種類の条件づけと行動の問題　行動療法の基盤となる考え方として，2つの条件づけ理論を挙げることができる。

1つ目は，古典的条件づけ(classical conditioning)であり，ある刺激に対する反応の学習である。たとえば，教師の大きな声に対して過剰に恐怖を感じる子どもを例に考えると，教師がしかったときの大きな声とその時の恐怖体験が学習され，教師の大きな声そのものに恐怖を感じるようになったと考えることができる。

2つ目は，オペラント条件づけ(operant conditioning)であり，ある行動と結果(報酬や罰を得ること)の関係が学習されることである。たとえば，虚言癖のある子どもを例に挙げると，嘘をつく(行動)ことによって注目されたり，うらやましがられたりする(報酬)ことが行動を強める刺激(強化子)となり，嘘をつくことが学習されたと考えることができる。

2)　認知療法

認知療法の基本的な考え　認知療法はベック(Beck, A. T.)によって提唱された治療技法である。ベックはうつ病患者の認知には特有の歪みがあることを発見し，そのような認知の歪みを修正することが治療において重要であると考えた。

認知の歪み　特にうつ病患者にみられるような認知の歪みには，次の3つの特徴を挙げることができる。

① 否定的な認知の三特徴(negative cognitive triad)……自己，世界，将来に対する悲観的な考えを共通してもっているという。たとえば，「自分はどうしようもない人間だ」「世界のどこにもいいことはない」「生きていても将来幸せにはなれない」などの考えである。

② 自動思考(automatic thinking)……ある状況で自然にそして自動的に沸き起こってくる思考およびイメージである。言い換えれば，自分でコント

表1－3　ベックによる情報処理の歪みの種類

恣意的思考	根拠が希薄なまま結論に走る
二分割思考	成功か失敗かといった極端な考え方をする
拡大／縮小	否定的な事実だけに目を向け，肯定的な側面を見落としたり過小評価する
過度の一般化，絶対視	ごくわずかな事実を見て，それが全体を表していると考える
個人への関連づけ	すべて自分の責任だと考える
情緒的理由づけ	自分の情緒的反応を基準に状況を判断する

ロールできない考え方やイメージである。ベックら(Beck & Rush，1978ほか)は，自動思考的な歪んだ情報処理を表1－3のようにまとめている。

③　スキーマ(schema)……これは，人が発達の過程で体験したことがらに基づいて形成された，心の底に気づかれないままに存在している個人的な確信である。たとえば，「自分は愛されていない」というスキーマを持っていれば，他の人からわずかな気遣いや拒絶に敏感になるだろう。

3）　認知行動療法

認知行動療法の基本的考え方　　認知行動療法は，先に述べた行動療法と認知療法の特徴を融合させたものと考えることができる。

認知行動療法においては，行動を単に刺激と反応のみで説明するのではなく，予期や判断，思考や信念体系といった認知的活動が行動の変容に意味を及ぼすと考えられている。すなわち，認知活動が行動に影響を及ぼしており，望ましい行動の変容は適応的な認知的変容に影響を受けるとしている。

認知行動療法における治療の特徴　　認知行動療法では，クライエントが問題への対処の仕方やセルフコントロール(自己統制)の方法を習得するということが目的にされる。したがって，セラピストはクライエントに対して，具体的な方法を教授することが多い。問題に対処できるようになるための適応的な下位目標の設定，モデリング，行動のリハーサル，などが治療過程の中で行われる。

クライエントが自分自身の行動や感情，思考のどのような部分に問題があるのか気づくのは難しい。認知行動療法においては，このようなクライエント自身が自己を客観的にみられるようになる(セルフモニタリング；self-monitoring)ことを1つの目標としている。具体的には自己観察記録として，どのようなできごとが快(不快)感情をもたらしたのか，そのときにどのようなことが頭に浮かんだのか，などを細かく記録する。クライエントはこの記録を評価し自分の思考や感情，行動がどのように関連しているのかを発見する。そしてその中に歪んだ思考(非合理的思考)があれば，それを修正していく。このような作業を認知的再体制化(cognitive restructuring)と呼ぶ。

(5)　家族療法的アプローチ

家族療法では，その問題のとらえ方，対処の仕方に他の心理療法とは異なる特徴がある。

家族療法の特徴　第1の特徴は，問題の原因を特定の個人ではなく家族という集団，あるいは家族同士の関係性に求めることである。たとえば，不登校や非行などの個人の症状は，それらを引き起こす原因が子どもにあると捉えるのではなく，家族内の悪循環の結果として引き起こされたと捉える。この悪循環をよい循環へとつくり変えていくことが家族療法における基本的な治療目標となる。

第2の特徴は，家族をひとつの「システム」として捉えていることである。家族を取り巻く状況はさまざまに変化する。子どもが発達したり，親の仕事やその立場が変わったり，など。これらの変化に家族は柔軟に対応しつつ，衣食住や精神的な安らぎの提供といった，家庭の本来の機能を維持していくことが求められる。ものごとに柔軟に対応することのできる家族は「自己組織化」されているといえる。すなわち，状況の変化に家族成員同士が役割分担したり協力したりして対応することができる。一方，問題が発生する家族ではこの自己組織化が適切に行われず機能不全に陥っていることが多い。たとえば，家族がバラバラになって協力関係が築けないような場合，家族の誰かに過重な負担がかかっているような場合などは，適切に自己組織化されているとは言いがたい。うまく機能しない家族を適切に機能するよう支援をしてゆくことが家族療法では求められている。

家族療法における治療　家族療法における治療目標は家族の機能性の回復・改善ということである。代表的な治療技法として実演化技法，リフレーミング技法やネットワーク技法などが挙げられる。

たとえば，実演化技法では家族関係の特徴や問題について分析したうえで，適切な関わり方や考え方について理解を深め，また，それにかなった行動を獲得するのを目指している。そのため，この技法では家族全員に来談してもらうことを基本としている。来談してもらった家族に問題場面での状況を再現してもらう。その場面の観察から，治療者は家族における非機能的な信念や相互作用パターンを分析する。そのうえで，それらを別の信念や相互作用に置き換えたうえで実践してもらい，機能的な信念や相互作用のあり方に気づいていくことができるよう支援する。

現代においては個人の問題が複雑化している。教育分野でも家族に関わる機会が増えている。そのようななかで家族療法の考え方は子ども理解ばかりでなく保護者や家族の理解にも有効な枠組みを提供してくれるだろう。

（6）遊戯療法的アプローチ

これまでみてきた心理療法は，主に大人を対象として考案されたものである。対象が子どもである場合，これらの心理療法の考え方や方法をそのまま適用することはできない。子どもはその能力や興味関心など，大人とは明らかに異なる特徴をもっているからである。子どもを対象とした心理療法としては遊戯療法を挙げることができる。

1）遊戯療法の目的と特徴

遊戯療法は「遊び」による心理療法である。大人とちがい子どもは言語による表現は必ずしも得意ではない。一方，遊びを通してであれば自分を多彩に表現できる可能性をもっている。「遊びは子どもの内的世界を表現するのにもっとも適した方法である」(Axline, 1947) と言われるように，遊びは子どもを理解する最も有効な手段のひとつである。遊びのなかで，子どもたちは欲求や空想，隠された感情や思いなどが表現されることも多い。

遊戯療法の対象は，一般に子どもとされており，その範囲は2歳から12歳程度といわれている。しかしながら，最近は構成的グループエンカウンターなど，成年や成人を対象とした心理治療の世界でも遊びが取り入れられる機会が増えており，遊びを広い意味でとらえるのであれば，その対象も広がっているといえるだろう。

2) 遊戯療法の方法

遊戯療法は原則的にプレイルームとよばれる遊戯療法のために用意された部屋で行われる(図1－7)。床にはじゅうたんが敷かれ，砂場やボールプール，玩具など，子どもが安心し，また，楽しんで遊べるよう設備が整えられている。子どもにとってプレイルームは「守られた空間」であり，そこで自分を自由に，また活発に表現することができる。そのような空間とするためにも，遊

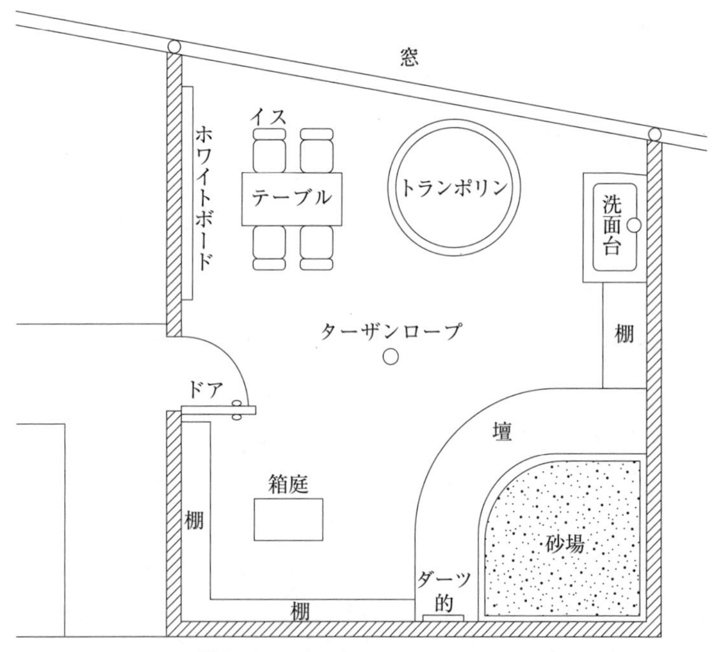

図1－7　プレイルーム(弘中，2014)

戯療法では特別な事情がない限り親は遊びに参加しない。プレイルームは子どもにとっての特別な空間である。

治療者は子どもが安心して自由に遊べるように支援する。子どものあるがままの姿を受容し，その感情を敏感に察知し適切に子どもに返していくことが治療者には求められる。また，遊びの中では指示を与えないと，子どもに主導権を与えること，にも留意する必要がある。

遊戯療法では子どもの自由を尊重するものの，制限しなければならないことについても明確にされている。たとえば，プレイルーム以外の場所や設定時間外で遊ぶことは禁止となっている。また，暴力や社会的に許容されないような危険な行為，法や倫理に抵触するような行為も制限される。

このような遊びを通して，子どもは自己の感情や価値について表現し，また，他者やものごととの関わり方について実験を行う。それが子どもの発達や精神的健康に好ましい効果をもたらすということができる。

3．教育相談におけるカウンセリング

（1）　教育相談における3段階の支援と子どもの発達促進

学校や園はさまざまな子どもたちが集まる場所である。個々の子どもたちが抱える問題や課題もまた多様であり，それぞれに適した支援が求められる。一般的にカウンセリングというと心理的な問題への治療や対処と考えられがちである。しかし，このように考えると，その対象となるのは学校や園の子どもたちの一部でしかない。学校や園の教育相談では狭義のカウンセリングに留まらないより広い視点からのカウンセリング的支援が求められている。

1)　子ども支援の3段階

学校における子どもへの支援について，石隈(1999)はそれを心理教育的援助サービスとしてとらえ，3つの段階に分けている。

1次的援助サービス　　対人関係能力や学習スキルなど，基礎的な能力を促

進する支援である。いわば，すべての子どもたちにとって必要な支援ということができるだろう。開発的な援助，開発的カウンセリングとよばれる場合もある。

2次的援助サービス　　子どもたちの中には，登校しぶり，学習意欲の低下，問題行動につながるような兆候を示す者もいる。このような，問題の初期の段階，あるいは，問題をもつ可能性の高い子どもを対象に，それらを早期に発見し問題が大きくなることや問題が発生することを防ぐのを目的とした支援である。予防的な援助，予防的カウンセリングとよばれる場合もある。

3次的援助サービス　　不登校の状況に至った子どもや，いじめ，問題行動など，問題が悪化した特定の子どもに対して行われる支援である。これらの子どもにはカウンセラーや専門機関などによる特別な支援を行いながら，状況の改善や問題の解消が目的とされる。そのため治療的な援助，治療的カウンセリングともよばれる。

これらのことを踏まえると，日常的に子どもと接する機会のある教師は，一次的援助サービスの重要な担い手となりうるだろう。授業やホームルームなどで，子どもたちの発達を促し，問題の未然発生を目指した活動を取り入れたり，それぞれの子どもたちに関わっていくことがそれにあたるだろう。

2)　開発的カウンセリングと構成的グループエンカウンター

1次的援助サービスである開発的カウンセリングは，学級や学年といった集団に対するカウンセリング的関わりということができる。集団に対するカウンセリング的関わりとして，これまで心理学の分野ではさまざまな手法が考案されている。代表的なものとして，構成的グループエンカウンター(SGE)，対人関係ゲーム，学校生活スキルトレーニングなどを挙げることができる。ここでは，教育現場で実施されることの多い構成的グループエンカウンターについて解説していく。

構成的グループエンカウンターとその目的　　構成的グループエンカウンターとは，活動のねらいをある程度定めたプログラムをもとに，リーダーが時間や人数を配慮した課題を提示しながら展開される開発的カウンセリングのひとつである。活動の主なねらいは，自己受容，他者受容，自己主張，感受性，信頼体験，役割遂行などであり，これらが効果的に獲得・促進されるようにプログラムが構成されている。

構成的グループエンカウンターの方法　1回のプログラムは，インストラクション→エクササイズ→シェアリングといった基本的な流れで構成される。インストラクションでは，プログラムの内容についての説明をするほか，その後の活動を行ううえでの目的やルールを確認する。エクササイズは，ゲーム的な活動によって構成される場合が多い。たとえば，「ブラインド・ウォーク」(「トラスト・ウォーク」とよばれることもある)とよばれる活動では，一人が目をつぶったり目隠しをしたりしたうえで，もう一人にサポートされながら移動する。目が見えない不安のなか他者にサポートしてもらうことを通して，信頼するという体験を得るのが目的である。シェアリングでは，エクササイズの振り返りおよび意見や感想の共有を行う。シェアリングを通して，自分の体験が他者に受容されたり，普段の生活からは見えてこない他者の心的な体験を知ることも多い。このように他者と意見を共有することによって，自分の体験を意味づけ，内面化することにシェアリングの意味がある。

構成的グループエンカウンターでは，そのプログラムがある程度定められているため，心理の専門家ではない教師も実施しやすいものである。また，参加者を心的外傷からまもる工夫が施されていたり，数多くのエクササイズが考案されていることからも，教育現場や保育現場での利用価値が高いものということができるだろう。

(2)　教育相談におけるカウンセラーとの連携

教育相談の活動では，さまざまな立場の人と連携しながら問題や課題に対処していくことが有効である。教育・保育現場の教師や保育士の人たちは，スクールカウンセラーをはじめとするカウンセラーとは次のようなかたちで連携することができるのではないだろうか。

1）コンサルテーション

教育場面などでは，問題をもつその子ども自身ばかりでなく，その子どもに関わる教師や保育者がカウンセラーのもとに来談することも多い。このような場合，カウンセラーは問題をもつ子どもの理解や対応の仕方などについての助言を行うことがある。このように，問題をもつクライエント本人が心理の専門家に相談するのではなく，クライエントに直接的に関わる人(たとえば，学校の先生)が相談を依頼し，カウンセラーから指導や助言を受けることをコンサルテーション(consultation)という。コンサルテーションでは，相談に来る者をコンサルティ(consultee：依頼者)，相談を受け助言を与える者をコンサルタント(consultant)と呼ぶこともある。

子どものさまざまな行動的・心理的問題が生じている今日，カウンセラーをはじめとする専門家が，問題をもつ子ども一人ひとりに直接的に関わることは難しくなりつつある。むしろ，ふだん接する教師や保育者，あるいは親などに対して助言や指導を行うことによって，子どもを取り巻く人々がより効果的に活躍することができるよう支援することが，問題の改善には意味のある場合が多い。コンサルテーションの形をとることは，一人のカウンセラーがより多くの問題に関わることができるという点ばかりでなく，一人の子どもに対して多くの人がさまざまな支援を行うチーム支援の観点からも有効であるといえるだろう。

2）教育分析

問題に対応したり他者を支援したりする人自身が，自分について十分理解しておくことも重要であるだろう。なぜなら，その人がもつ特性によって，子どもへの関わり方，問題への関わり方が異なると考えられるからである。それが問題への対処や支援に対して効果的に作用することもあれば，反対に悪影響を及ぼしたりすることもある。自分がどのような人やものごとに喜びや幸せなどの肯定的な感覚を抱くのか，あるいは嫌悪や怒りなどの否定的な感覚を抱くのか，等について理解し，対応や支援の仕方に活かしてゆくことができるようにするのが教育分析といえる。

教育分析は，もともと専門的カウンセラーが自分や自分のカウンセリングを振り返り，自己成長するためのといえるが，学校で子どもたちに関わる教職員が教育分析を受けるのも大きな意味があるだろう。

（3）　教師によるカウンセリング

教育活動の一部として，教師自身が子どもの相談に応じる機会は多いだろう。日常的な会話の中で相談にのる場合もあれば，個別に相談の機会をつくる場合もあるだろう。これらの相談は広い意味でのカウンセリングの一部ということもできる。では，教師がこれらのカウンセリングを行ってゆくうえでどのようなことに留意しておかねばらないのだろうか。

1）　教師によるカウンセリングの留意点

小林(1999)は学校でのカウンセリングの特徴として，①対象が子どもであること，②子どもが発達，成長していること，③教育的望ましさの視点があること，を指摘している。①については，対象が子どもであることを踏まえ，子ども自身の考え(目指すところ・理想)を十分に踏まえることが重要である。②については，問題の解決にとどまらず，問題の再発防止，子どもの発達・成長を促すことを意識した関わりが必要といえる。③については，学校には“教育的に望ましいこと”があるが，それはカウンセリング的に必要なことと矛盾する場合も少なくない。したがって，教育的価値や社会的価値とカウンセリングで求められることとの折り合いをうまくつけていく必要がある。

これらのことをふまえ，a)個を支えるばかりでなく学級や学校集団にうまく働きかけながら問題を効果的に解決していくこと，b)一人の教師による支援ではなく，その他の教職員や学校関係者と協働してチームで支援をしていくこと，c)集団守秘義務の視点から秘密にすべきこととその共通理解を関係者の間で十分に図っていくこと，が求められるとも指摘している。

忘れてはならないのが，教師や保育者も子どもや保護者などから相談を受けることがあるが，専門的心理カウンセラーと同じ役割をとることはできない，ということである。教師や保育士がカウンセリング・マインドをもって子どもや保護者と関わっていくことは必要であるものの，その立場や役割の違いもあり専門的なカウンセラーのように振る舞うのは問題がある。教師，保育者，カウンセラーがそれぞれの役割を生かしながら協力して問題に対処していくことが重要と言える。

2)　カウンセリングの適性と資質

教育相談に関わる人々にとって，今日，カウンセリングに対する理解や実際に相談に応じるための態度やスキルは必須のものとなりつつある。その意味でも，カウンセリングを行ううえでの資質や適性について考えておくのはよいだろう。

先に，ロジャーズがカウンセラーの態度に必要なものとして，共感的理解，無条件の肯定的配慮，純粋性の3つを挙げていることを述べた。これらの態度をもっている者であれば，カウンセラーとしての資質と適性があると考えられるかもしれない。

ただし，これらを完全に身につけることは多くの人にとって難しいことである。当のロジャーズでさえ，3つの態度を実現できているかと問われて「大部分肯定的に答えることができない。ただ，肯定的な答えができる方向に向かっていくことができるだけである」と答えている。

このことから，カウンセラーとして求められる態度に向けて，継続的に努力し近づいていこうとする姿勢が，カウンセラーに求められる最も大切なものであろう。ロジャーズの述べる3つの態度は，カウンセリング場面ばかりでなく，一般的な人間関係においても求められるものであろう。ふだんの生活の中でも，信頼される相談者として自分自身を成長させていこうという意識をもつことのできる者が，カウンセラーとしての資質と適性を備えているということができるのではないだろうか。

心の成長を支える発達

発達とは，「人が誕生から死に至るまでの一生涯における心と身体の変化」を意味する。子どもの頃の自分と今の自分を比較してみると，誰もが身長が伸び，物事を客観的に捉えることができるようになってきたと気づくだろう。心理学分野では特に，発達は人の知覚や認知に関する心的(質的)変化のことを示している。発達はより完全で適応的な方向への変化を示すため従来は青年期ごろまでと考えられていたが，青年期以降も自我発達や知的発達が示されている。そこで，発達は子どもから大人を含めた一生の変化である生涯発達という用語が使われるようになった。ヘルマン・ヘッセの著書『人は成熟するにつれて若くなる』は，たとえ身体機能が著しく低下する高齢者であっても，人の心はより充実した方向で変化しうるという発達の奥深さを物語っている。

人の発達は，複雑でダイナミックなプロセスを経て変化する。ただし，人の発達過程において，心身のある特徴が一定の時期に現れることがある。こうした時期をいくつかの段階に区分したものを，発達段階という。発達段階に明確な年齢区分はないが，大まかな目安として，新生児期(出生～1ヵ月)，乳児期(1ヵ月～1歳)，幼児期(1歳～6歳)，児童期(6歳～12歳)，青年期(12歳～30歳)，成人前期(30歳～40歳)，成人後期(40歳～65歳)，高齢期(65歳～死)，として捉えることができる。

本章では，新生児期から青年期に至るまでの発達過程を中心に，心のメカニズムや機能を解説していく。その際，心の重要な領域として，認知，自己，感情，社会性の4つの領域を取り上げる。読者には，各領域の内容を自分自身の経験と重ね合わせることで，発達に関する知識と理解を深めていってほしい。

1．認知の発達

認知とは，「人が環境のもたらす情報を知覚し，その意味を解釈する過程」である。子どもは，モノが自分と同じような気持ちや感情をもつと考えるように，大人とは異なる独自の認知スタイルを持っている。ここでは，ピアジェ(Piajet, J.)の発達理論に基づいて，認知発達のメカニズムと発達段階について説明する。次に，哲学者パスカルは“人は考える葦(あし)である”という名言を残しているが，私たちが普段の日常で行っている推論や判断などの思考過程には，過去の記憶が深く関係している。このような記憶のメカニズムや種類，記憶の効果的な定着方法について解説したい。

（1）　ピアジェの発達理論

1)　認知発達のメカニズム

スイスの認知心理学者であるピアジェは，認知発達の基本的な考え方として，私たちには外界の環境や事象を理解するための認知構造(シェマ)があると仮定した。シェマとは，いわば“思考の枠組み”である。シェマは，同化と調節を繰り返す均衡化という過程を通して形成される。このような認知発達に関する理論を，均衡化理論という。

同化とは，外界のあらゆる情報を自分のシェマへ取り入れていく機能である。一方，調節とは，自分の既存のシェマを外界に合わせて修正していく機能である。たとえば，新生児は原始反射のひとつとして，口内に入ってきたあらゆる対象物を吸おうとする「吸啜(きゅうてつ)反射」という能力を備えている。出生直後は母親の乳房から栄養を摂取するため，新生児は「柔らかい感触で母乳が出るモノ＝乳房」というシェマを形成する(同化)。しかし，やがて乳房以外のモノが口に含まれると，舌でそれを押しだそうとする。そこで，乳房以外の新たな性質のモノを区別して理解できるようになっていく(調節)。このように，子どもは同化と調整を繰り返す均衡化を通して，自らのシェマをより高次なものへと修正・変化させていくのである。

ピアジェの均衡化理論は，認知発達は子どもが環境(人的・物的環境)と応答的に関わることを通じて促されるという考え方を基盤としている。子どもは，生まれながらにして環境へ能動的に働かけようとする自己成長の力をもっているのである。

2）認知の発達段階

ピアジェは，子どもとの対話を中心とした臨床法を通して，認知発達の諸特徴を以下４つの発達段階に整理した。

感覚運動期(誕生から２歳まで)　この時期は，手に取った玩具をなめる，たたく，けるといったように，身体を動かし五感を働らかせながら，周囲のモノの性質を理解し，環境に適応していく段階である。環境への適応過程において，同じ行動を繰り返す循環反応という現象が見られるが，これは自分の身体や自分を取り巻く世界を認識しようとする試みである。循環反応には，３つの段階がある。第一次循環反応(０歳～４ヵ月)は，指しゃぶり，自分の手のひらをじっと眺めるハンドリガード，喃語(なんご)(クーイング)のように，自分自身の身体に関する繰り返しの動作である。第二次循環反応(４ヵ月～８ヵ月)は，手に触れたボールを投げる，ガラガラの玩具を振って音を鳴らすなど，モノを用いた繰り返しの動作である。単調ではあるが，モノとの相互作用を通して，自分と外界との結びつきを理解しはじめる。第三次循環反応(８ヵ月～１歳半ごろ)では，探索的で変化に富んだ運動を繰り返すことで，自らの行為によって結果が変わるという協応関係を理解していく。

このように，一見無意味に見える繰り返しの動作や遊びの中にも，子どもは実にあらゆる事柄を理解しているのである。保育者は，子どもが環境と能動的に関われるように，落ち着きのある広い空間を確保したり，五感を揺さぶる玩具を周囲に配置したりするなど，環境づくりに配慮することが大切である。そして，子どもが夢中になって遊んでいる限りはあまり介入せず，子どものささいな変化をキャッチする豊かな感受性をもって，そっと温かく見守るよう心がけたい。

また，8ヵ月頃になると，対象物が視界から消えてもそれがあり続けるという物の永続性を獲得する。物の永続性を獲得した子どもは，目の前にある玩具の上から布をかぶせたとしても，玩具が布の下にあり続けることが理解できるために玩具を探そうとする。

前操作期（2歳から7歳まで）　　ことばの急速な発達により，豊かなイメージや思考が可能になる。ごっこ遊びや絵本などイメージ世界の中で遊び，人形など無生物にも命や意志があると信じ込むアニミズムの心性をもっている。保育者は，こうした子どものイメージ世界を尊重しながら指導することが大切である。たとえばお片付けの際に，単に「玩具を片付けようね」と言うよりも，「玩具をお部屋に戻してあげてね，迷子の玩具がないかよく探そうね」のようにアニミズムを込めたことばがけの方が，子どもは進んでお片付けを始めようとするだろう。

また，この時期の子どもの思考は非論理的であり，見た目や形に左右された誤った判断を下しやすい。たとえば「保存の概念の課題」では，子どもに同じ量の水が入った2つの透明なコップを確認させた後，一方のコップの水は背丈の高い筒状の透明な容器へ移し，もう一方のコップの水は背丈が低い円形の透明な容器へ移す。その後，この一連の操作を観察していた子どもに対して，筒状と円形の容器のどちらの方が多くの水が入っているかと尋ねると，多くの子どもは背の高い筒状の容器と誤った答えを導き出してしまう。これは，保存の概念が獲得されていないことを証明する実験結果の例である。

さらに，この時期は自己中心性を特徴としており，他者の視点に立って物事を考えることが難しい。相手が自分の発言をどのように受け止めるかを想定することが難しいため，悪気はなくとも相手の傷つくことをストレートに口走ってしまう場合がある。そのため，自己中心性がひとつの原因となって，言い争いや物の取り合いなどのけんかが子ども同士で頻繁に生じることがある。けんかは，子どもが他者の気持ちを理解するきっかけと考えたい。保育者はけんかが起きても，お互いの言い分を丁寧に聞きながら諭すことで，子どもは徐々に相手の心情に寄り添えるようになる。

具体的操作期（7歳から11歳）　この時期は，具体物に沿って考えれば，論理的な思考が可能になる。たとえば，小学1年生の算数の授業において，先生は，「電柱にカラスが2羽止まっています。そのうち，3羽のカラスがやってきました。合計，何羽でしょうか？」というように，足し算の問題を絵や物語を交えて具体的にわかりやすく伝える。一方，児童は，手もとでおはじきなどの具体物を動かしながら問題を解いていく。こうした授業スタイルや学習方法は，具体的操作期の子どもの発達的特徴への配慮を意図して行われている。また質量保存の法則（見かけが変化しても量や数は変わらないこと）が理解できるようになり，見かけに左右された過った解釈を行うことが少なくなる（図2-1）。それと同時に，幼児期の自己中心性が脱却し，他者の視点から物事を客観的に考えられる脱中心化がみられるようになる。

形式的操作期（11歳以降）　大人と同様の抽象的で論理的な思考が可能になる。具体物がなくても，記号や言葉に置き換えることで理論的思考が可能になる。また，ある命題に対して仮説を立て，それを演繹的に論証していくことができるようになる。たとえば，「地球温暖化を防ぐには」という命題に対して，「化石燃料の使用を控えてCO_2を削減させる」「森林伐採を減らすように努力する」など，自分なりの提案や仮説を立てながら討議ができるようになる。

理屈っぽくなるこの時期は，今まで当然のように受け入れてきた学校や家庭の規則に対して，それは本当に正しいのだろうかと批判的な眼差しを向けるようになる。また，集団のなかの自分を客観視できるようになるため，人前で発言することを恥ずかしいと思ったり，理想の自分と今の自分とのギャップを強く認識し落ち込んだりするなど，心理的な葛藤が大きくなったり長続きしやすい時期である。

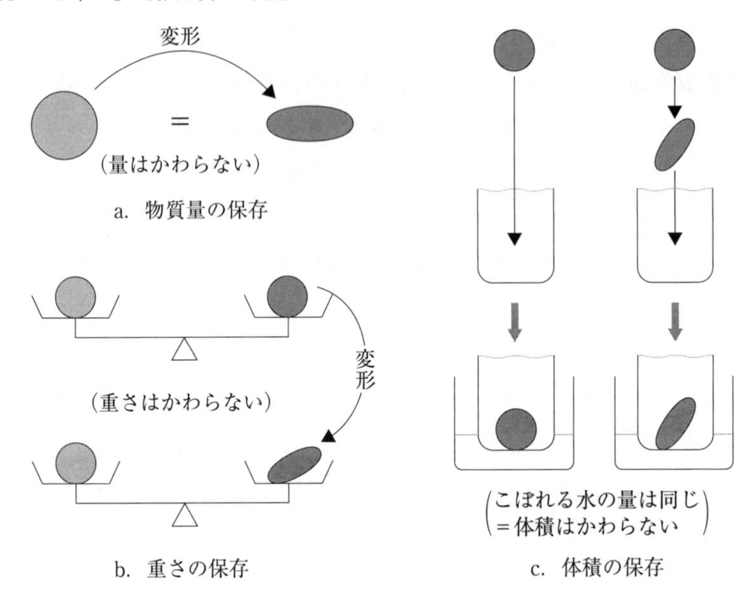

図2-1　質量保存の法則（山村，2017）

（2） 記憶

1） 記憶のメカニズムと種類

記憶とは，「過去に経験した出来事や知識などの情報源を保持し，状況に応じて思い出すこと」である。仕事や学業だけでなく日常生活におけるさまざまな活動は，すべて記憶の機能によって支えられていると言っても過言ではない。記憶の過程は，符号化（情報を覚えること），貯蔵（情報を覚え続けること），検索（文字や音声として思い出すこと），の3つの過程からなる。劇の発表会を例にすると，子どもは台本の内容を覚え込み（符号化），練習を重ねることでその内容を忘れないようにしておき（貯蔵），いざ本番になったら覚えた内容を発表する（検索），という一連の記憶過程を通して，観客の前で素晴らしいパフォーマンスを披露できるのである。このように，子どもの目標達成に向けた活動を支えるうえで，記憶は重要な役割を担っているのである。

記憶の種類は，記憶が保持される時間の長さによって，感覚記憶（わずか数秒間の記憶)，短期記憶(数十秒の一時的な記憶)，長期記憶(永続的な記憶)，の3種類に分けられる。アトキンソン(Atkinson, R.C.)とシフリン(Shiffrin, R.M)が提唱した「記憶の二重貯蔵モデル」(図2－2)によると，視聴覚などの感覚器官から入力された情報は，感覚記憶として一時的に保持される。感覚登録器に入力された情報のうち，注意が向けられた情報のみが，短期記憶として短期貯蔵庫へ転送される。短期記憶の容量には，7±2チャンクという限界がある。チャンクとは，“情報のまとまり”を意味する。したがって，たとえば「APPLE」という5文字をそのまま記憶にとどめようとすると5チャンクであり，りんごという意味で捉えると1チャンクとなる。前者の機械的な記憶方略を維持リハーサル，後者の深い情報処理を伴う記憶方略を精緻化リハーサルと言う。こうしたリハーサルを通して，短期記憶の情報は長期記憶へと転送されるのである。

長期記憶は，感覚記憶や短期記憶と異なり，複数の種類から構成される。まず大きく，宣言的記憶(言葉で表現できる事実に関する記憶)と手続き的記憶(“自転車に乗る”など一定の手続きに関する記憶)の2つに区分される。宣言的記憶は，さらに，エピソード記憶(“思い出”など個人的な出来事の記憶)と意味記憶(“昆虫は足が6本ある”など一般的な知識の記憶)に区分される。長期記憶は，網目のように各々の情報が関連づけられることで，頭の中に保持されている。コリンズ(Collins, A.M.)とロフタス(Loftus, E.F.)は，このような長期記憶のメカニズムを「活性化拡散ネットワーク」として提唱している。これ

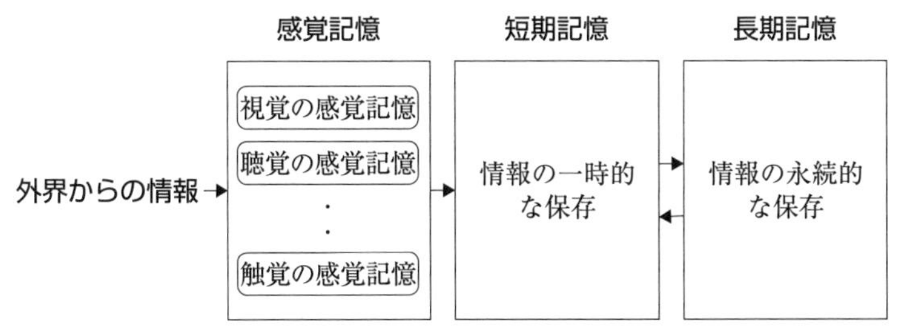

図2－2　二重貯蔵モデル(Atkinson & shiffrin, 1968；今井が改変，2003)

は，ある概念が活性化すると，それと近似した別の概念へ網目状に拡散していくという考え方を基盤としている。

2)　記憶の定着

定期試験のプレッシャーから学習内容を一夜漬けで暗記したが，試験が終わった後，程なくしてほとんどすべての知識を忘れてしまったという経験はないだろうか。こうした現象を，「知識の剥落（はくらく）現象」という。学習効果を持続させるには，記憶に関する効果的なリハーサルや検索の仕方について把握する必要がある。先述の活性化拡散ネットワークの観点では，思い出す手がかりを増やすために，情報がバラバラではなく関連づけながら記憶することが重要と言えよう。

また，記憶する対象の処理水準によって，記憶成績が異なることが知られている。ロジャースら(Rogers et al., 1977)は，4つの処理水準(①形態処理：形で覚える，②音韻処理：音で覚える，③意味処理：意味で覚える，④自己準拠：自分と関連づけて覚える)のなかで，自己準拠による記憶成績が他の3つに比べて最も高いことを示した(自己準拠効果)。この結果から，単なる丸暗記や語呂合わせによる記憶は望ましくないことが分かる。むしろ，情報一つひとつの意味を的確に把握し，その情報を自分自身の興味や関心に引き寄せて理解する方略が，記憶の定着にとってより好ましいと言える。そのために教師は，子どもの興味関心や社会生活に応じた学習課題を提供し，学習への自我関与を高めるように働きかけることが重要である。

2．自己の発達

自己は，いつの時代においても，私たちが心の中で抱く大きな関心事と思われる。しかし，自己とは一体何であろうか。ジェームズ(James, W)は，自己の側面を大きく2つに分けた。一つは，認識する主体としての「主我」であり，もう一つは認識される対象としての「客我」である。たとえば，何かを楽しいと思っている場合には主我であり，自分が楽しがっていることを認識している場合が客我である。自己とは，そのうちの客我，すなわち，「自分自身(主我)によって捉えられた自分」と言えよう。ここでは，自己に関する3つの概念として，自己概念，自己意識，アイデンティティについて紹介する。

（1） 自己概念

自己への気づきが生まれるのは，およそ1歳半から2歳ごろと言われる。それは，口紅課題(ルージュテスト)と呼ばれる方法で確かめることができる。子どもの顔に気づかれないように口紅を塗り，鏡で自分の姿を見た子どもがそれを触ったりじっと眺めたりすることがあれば，自分への気づきが生まれたと判断することができる。

自己概念の形成は，こうした客体としての自己への気づきが成立した後に始まる。自己概念とは，「私たちが自分自身に対して抱いているイメージや評価などの認知的側面の総体」である。自己概念は，いくつかの下位次元に分かれており，たとえば，勉強に関する「学業的自己概念」，性格や行動スタイルに関する「社会的自己概念」，容姿に関する「身体的自己概念」などがある。

自己概念の測定方法として，「20答法」(who am I?)という手法がある。これは，「私は……」に続く文章を思いつくままに20個書いてもらい，その記述内容に基づいて個人の自己評価や価値観を分析するものである。モンテマイヤーとアイゼン(Montemayer & Eisen, 1977)は，児童期から青年期の子どもを対象に20答法を用いて，自己概念の発達的変化を検証している。その結果，記述内容は児童期から青年期にかけて，持ち物や身体的特徴などの具体的な内容が減少し，対人関係の取り方，個別性の認識，心のあり方などの抽象的で人格的な記述が増加することが示された。また，デーモンとハート(Damon & Hart, 1982)は，幼児期から青年期の子どもを対象とした面接調査から，自己理解の発達モデルを提唱し，自己の4側面(身体的自己，行動的自己，社会的自己，心理的自己)の発達的変化を調べている。幼児期や児童前期は“人より背が高い”などの「身体的自己」，児童中期や青年期は“他の子より絵が上手”などの「行動的自己」や“人に親切”などの「社会的自己」，青年期後期は“判断力があって頼りになる”などの「心理的自己」の形成が促進される。

（2） 自己意識

自己意識とは，自分自身に対する注意の向き方を表す性格特性であり，身体感覚・感情・動機・思考など自身の内的側面に対する意識である「私的自己意識」と，容姿容貌・振る舞いなどの自身の外的側面に対する意識である「公的自己意識」の2側面から捉えられている。私的自己意識と公的自己意識は共に，中学生，高校生，大学生へと学校段階が進むにつれて高まるとされる(中間，2012)。青年期は，認知機能の発達や身体的変化が著しい時期であり，また，進学や就職など将来を左右する大きなライフイベントに直面する時期である。こうした心身や環境の大きな変化が，青年期に特徴的な自己意識の高まりを促すと考えられる。自己意識が高まる青年期は，理想的な自己像を求めることから，現実の自分との差異を感じ，自己否定性が生じやすくなる。こうした自己否定性は，不適応と関連するため，マイナスのイメージを持たれやすい。しかし，青年期は悩みや葛藤を抱きながらアイデンティティを形成していく時期であり，自己否定性は生涯発達の観点からみて正常な発達的危機として捉えることもできる。

（3） アイデンティティ

1） エリクソンにみる自我の生涯発達

エリクソン(Erikson, E.H.)は自我の形成過程を8つの段階に分け，自我の発達は生涯を通じて漸次的(ぜんじてき)に分化していくと考えた。また，図2－3の対角線上には，各時期に乗り越えるべき発達課題が設けられている。

乳児期は，「基本的信頼(対)不信」である。乳児は養育者との温かな相互交流を通して，周囲の人々や自分自身に対する基本的信頼感を構築する。

幼児前期は，「自律性(対)恥・疑惑」である。親からのしつけが内在化し，自分の意志で物事をやり通そうとする自律性の感覚が育まれるようになる。しかし，養育者の援助なくして多くの物事を成し遂げることができないため，恥などという感情をもつようになる。

幼児後期は，「自主性(対)罪悪感」である。責任感を持ってさまざまな物事に積極的に挑戦する時期であるが，失敗経験の繰り返しや親から過剰な叱責によって強い罪悪感を抱く恐れがある。

児童期は，「勤勉性(対)劣等感」である。義務教育が始まり小学校へ進学すると，皆が集団生活のルールや学業など共通の目的に向かって努力するという勤勉性が求められる。学校生活での達成経験や周囲から承認を得ることで有能感や自尊感情を形成するが，こうした経験が得られないと劣等感を抱くことがある。

思春・青年期は，「アイデンティティ(対)アイデンティティ拡散」である。親や教師などの重要な他者から影響を受けてきたこれまでの価値観を問い直し，進路や職業人としての生き方を自分なりに模索して，アイデンティティを確立していく。

成人期は，「親密(対)孤立」である。結婚や自分の家庭を持つことが社会的に期待される時期であり，他者(特に，異性)と親しい関係性を構築し配偶者に恵まれることを通して親密性の感覚を得ることが課題となる。

壮年期は，「世代性(対)自己陶酔」である。親や指導者として次世代の育成に関心が広がり，部下や子どもへの指導にエネルギーを注ぐようになるが，こうした意識が欠けて自分本位な気持ちに陥ると発達が停滞してしまう。

老年(高齢)期は，「統合性(対)絶望」である。自分が歩んできた人生を前向きに受容し意味づけることが課題となるが，人生に意味を見出せないと失望感や絶望感に迫られることになる。

2)　青年期におけるアイデンティティ形成過程

現役大学生を対象とした学習生活実態調査報告書(Benesse 教育総合研究所，2012)によると，現在所属している大学に対して，「転学部・転学科」「転学」「退学」を希望している学生は約 2 割～ 4 割の割合で確認されており，その理由として，「やりたいことの変更や発見」「他の分野への興味」などの理由が挙げられている。大学生の中には，興味分野が拡散し，将来に対する主体的

老年期	Ⅷ								統合性 対 絶望
壮年期	Ⅶ							世代性 対 自己陶酔	
成人期	Ⅵ						親密 対 孤立		
思春，青年期	Ⅴ					同一性 対 同一性拡散			
学童期	Ⅳ				勤勉性 対 劣等感				
幼児後期	Ⅲ			自主性 対 罪悪感					
幼児前期	Ⅱ		自律性 対 恥・疑惑						
乳児期	Ⅰ	信頼 対 不信							
		1	2	3	4	5	6	7	8

図2－3　エリクソンの生涯発達の図(Erikson, 1963；鑪，1990)

な進路選択ができていない者が一定数存在している。これは，近年の高等教育で問題視されている中途退学率の高さの一因とも考えられる。

マーシャ(Marcia, J.E.)のアイデンティティ・ステイタス理論は，こうした青年のアイデンティティ形成過程を理解するうえで有益な知見を与えてくれる。マーシャは，危機(将来の選択肢を考えて意志決定を行うこと)と積極的関与(意思決定後に続く人生の重要領域に対する態度のこと)の有無によって，アイデンティティの達成度を４つのステイタスに区分した(表２－１)。アイデンティティ達成は，危機を経験し，積極的関与をしている状態である。モラトリアムは，危機を経験し，積極的関与は曖昧であるが，そうしようと努力している状態である。早期完了(フォークロジャー)は，危機を経験せず，積極的関与を行っている状態であり，親などの重要な他者から引き継いだ価値観が崩れる

表2－1　アイデンティティ・ステイタス（高坂，2013）

ステイタス	危　機	積極的関与	概　要
アイデンティティ達成（identity achievement）	経験した	している	自分の生き方を真剣に悩み，決定し，その生き方に積極的に関与している。誠実で，安定した人間関係をもっている
モラトリアム（moratorium）	最中	あいまい	いくつかの選択肢で迷っており，いずれの選択肢に対しても十分な関与はできていない。半人前意識や不安，緊張感をもっている
フォークロジャー（foreclosure）	経験していない	している	親や会社の価値観を無批判に受け入れ，それに従って生きている。見せかけの自信をもち，融通が利かなく，権威主義的である
アイデンティティ拡散（identity diffusion）	した／していない	していない	危機の有無にかかわらず，生き方に積極的に関わることができない。自己嫌悪や無気力感，不信感，希望の喪失などの特徴がある

ことなくそのまま保持されていることを特徴とする。アイデンティティ拡散は，危機を経験せず積極的関与も行っていない危機前拡散と，危機を経験しているが積極的関与を行っていない危機後拡散の2つに区分される。アイデンティティの達成度は，アイデンティティ達成が最も高く，次いで，モラトリアム，早期完了，同一性拡散の順に低くなると考えられている。

3．感情の発達

私たちは，日常的にさまざまな感情を経験している。感情という用語は，一般的に，喜びや怒りなど短時間で強い刺激反応を伴う情動（emotion）と，憂鬱（ゆううつ）やリラックスなど比較的長時間にわたって持続する気分（mood）という2つの心理状態を指している。また感情は，“怒りっぽい人”というようにその人の安定的な性質を表す特性感情と，“テスト前に不安が高まる”など状況に依存して変化する状態感情の2つに区分される。ここでは，子どもの感情について解説した後，教育者の感情が子どもの心理状態に及ぼす影響について述べることにする。

（1）子どもの感情

1）感情の発達

文化を超えて人類が普遍的にもっている情動のことを，基本情動(basic emotions)という。基本情動の種類は研究者の主張により異なるが，エクマン(Ekman, P.)は「驚き」「怒り」「悲しみ」「嫌悪」「恐怖」「喜び」の6種類を特定した。古典的ではあるが，情動の発達に関して，ブリッジズ(Bridges, M.B.)は，新生児は興奮というひとつの情動であるが，成長するにつれて次第に情動が分化していくという「情動分化発達説」(図2－4)を提唱した。この説によると，興奮は生後3ヵ月頃になると「快―不快」という2つの情動に分かれ，1・2歳頃になると基本情動が見られるようになる。また，ルイス(Lewis, M.)は基本情動を一次的感情とし，共感・誇り・罪悪感・恥など対人関係のなかで生起する感情を二次的感情(自己意識的感情)と区別した。二次的感情

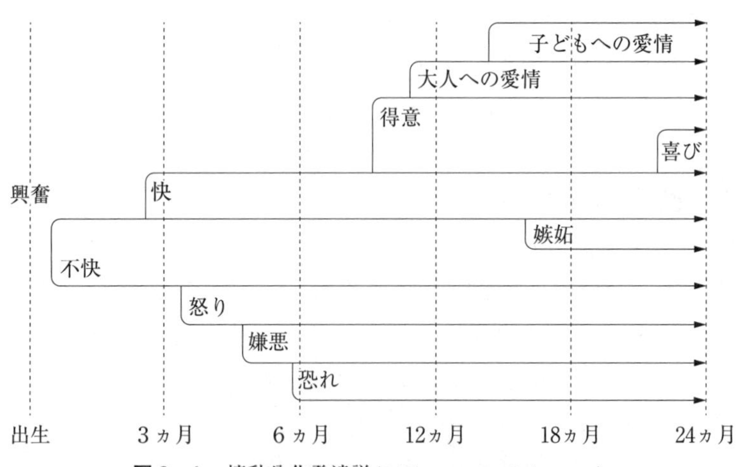

図2－4　情動分化発達説(Bridges, 1932；中山，2010)

は，自己を客観視できるようになる2歳頃から発達し，基本的情動の出現に続いて生起すると考えられている。

2)　情動制御

情動制御とは，「自分の情動反応をモニターし，目標に応じてそれを適切な方向へと修正していく過程」である。情動制御には，自己主張と自己抑制の2つの側面がある。自己主張は自分の感情状態を他者に伝える表出機能，自己抑制は自分の感情状態をコントロールする抑制機能としての役割がある。たとえば，シャベルを貸して欲しいときに友達に「貸して」と言えるのは自己主張であり，貸してもらえない時に我慢できるのが自己抑制なのである。

生まれたばかりの赤ちゃんは，大人のように自分の感情をコントロールすることが難しい。そのため，お腹がすいたり眠たい時には，泣くことで養育者に不快という感情を伝える。3ヵ月頃になると，養育者に対して泣くという社会的シグナルを通して，養育者を含んだ情動制御が行えるようになる。1歳ごろは，自我が芽生えて自己主張が強くなる時期であるが，自己抑制は上手く行うことができず，指をかんだり頭をたたいたりなどの自己刺激によって情動を制御することもある。2歳ごろになると自分を客体視できるようになるため，自らの情動が何によって生じるのか，その対象や原因を特定できるようになる。そのため，不快感情が生じた際，自らがその原因を取り除くことで情動を鎮静化できるようになる。3，4歳ごろになると，他者への思いやりの気持ちを大切にした情動制御ができるようになる。そのため，たとえ自分が欲しくなかったプレゼントをもらったとしても，「ありがとう」という喜びのことばを伝えることができる。

情動制御の発達には，自分のありのままの気持ちを受け止めてくれる養育者の存在が必要不可欠である。子どもは安心のできる温かい養育環境の下で，自分の気持ちを素直に表現したり，抑えたりすることができると言えよう。

（2） 教育者の感情が子どもを伸ばす

1） 教師の授業中の感情経験

教師は，授業中にどの様な感情を経験しているのだろうか。アラーム時計(ポケベル)を用いた経験サンプリング法(experience sampling method)という手法を用いて，刻一刻と変化する教師のリアルタイムの感情を測定した調査を紹介したい。ケラーら(Keller et al., 2014)は，22人の教師を対象に2週間の間，音がランダムに鳴るポケベルを渡して，音が鳴ったその瞬間の6つの感情状態(楽しさ，誇り，恥，不安，怒り，退屈)の強さを質問紙で回答するように依頼した。その結果，「楽しさ」や「誇り」が優勢であり，授業中の多くは肯定的感情を経験していることが示唆された(図2－5)。その一方，否定的感情においては，「怒り」と「退屈」が優勢であった。怒りは活性度の強い感情であり，子どもの問題行動や不正行為を認知した際に生起した感情と考えられる。怒りに反して，退屈は活性度の低い否定的感情であり，教師の教えることへの熱意が欠如した状態を反映した結果とも考えられる。教師は授業中，子ど

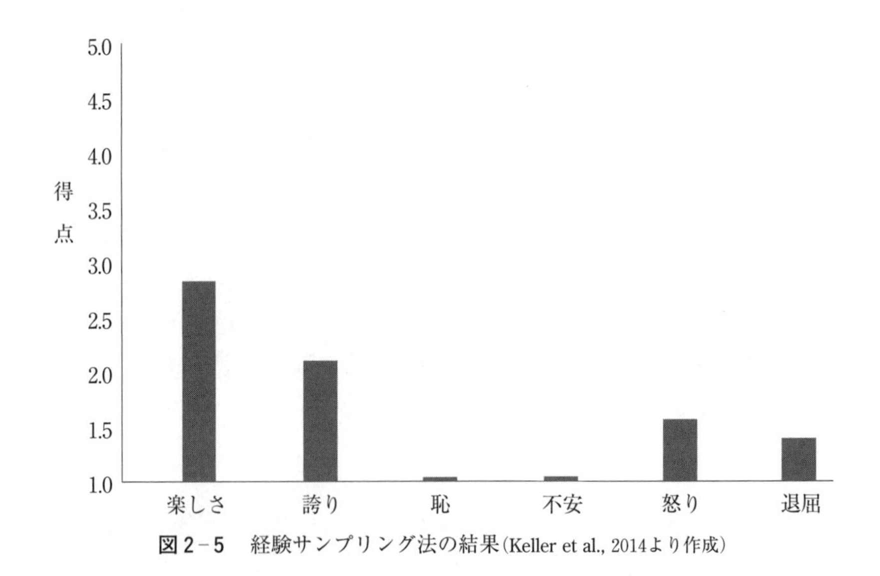

図2－5　経験サンプリング法の結果(Keller et al., 2014より作成)

も一人ひとりの学習状況を注意深く把握することが求められており，教師の「退屈」は子どもにマイナスの影響を与えると考えられる。

2）　教師の熱意が子どもに及ぼす影響

熱血教師ということばがあるように，子どもはエネルギーに満ちあふれた教師の言動にひきつけられて，たとえ苦手な事柄でも勇気を出して挑戦しようと思い直す瞬間がある。教師の感情は，こうした子どもの心理状態にどのような効果を及ぼすのだろうか。感情研究における教師の熱意(enthusiasm)をキーワードに探っていきたい。教師の熱意ということばは曖昧であるが，教師の言動に現れる「指導スタイルとしての熱意」と，教師自身が感じる「主観的経験としての熱意」の2つに区分できる。

指導スタイルとしての熱意　教師の熱意は，客観的な行動指標から捉えることができる。コリンズ(Collins, 1978)は，先行研究の知見や観察調査に基づいて，「声の発信」「視線」「ジェスチャー」「動作」「顔の表情」「言葉の選択」「アイデアや感情の受容」「全体的な熱意」の8つ指標を提言している(表2－2)。こうした指標が高い教師に教わった児童生徒は，学業成績や学習意欲が

表2－2　教師の熱意の指標(Collins, 1978より作成)

指標	具体的な特徴
1.声の発信	素早く興奮した話し方から囁くような口調まで，声のトーンや調子を軽快に変化させる
2.視線	輝いた目と見開いた瞳，また，眉が上がった状態で，グループ全体とアイコンタクトをする
3.ジェスチャー	素早く移動する，手を叩く，頻繁に頷くなど，身体をよく動かしながら説明(実演)を行う
4.動作	身体を揺らす，曲げる，歩くペースを変えるなど，身体全体を大きく動かす
5.顔の表情	驚き，悲しみ，楽しさ，熟考，畏れ，興奮などを示す表情を，多様に変化させて表出する
6.言葉の選択	説明が詳しく適切であり，多様性に富んでいる
7.アイデアや感情の受容	アイデアや感情を熱心に素早く受容し，進んで褒めたり励ましたりする。もしくは，非脅迫的な態度を示し，子どもの質問に対して多様な変化を加えて応ずる
8.全体的な熱意	授業全体を通して，活気に溢れ，迫力や情熱が感じられる

高まる（Natof & Romanczyk, 2009など）。また，これらの指標は，教師自身の意識の持ち方や教師トレーニングによっても向上することがわかっている。

主観的経験としての熱意　　熱意は，「教師が子どもに特定の教科を教える際に経験する，楽しさ・興奮・喜びなどの肯定的な感情特性」と捉えることができる。“私はこのクラスで心から数学を教えることを楽しんでいる”など，教えることへの熱意が高い数学教師は，高い学習サポートや効果的なクラス運営を展開し，その結果として生徒の数学成績や数学に対する楽しさを喚起することがわかっている（Kunter et al，2013）。また，教師の感情が子どもに及ぼす影響メカニズムとして，子どもが教師の感情をあたかも自分自身の感情として経験する感情伝染（emotional contagion）という非言語的効果が知られている（Bakker，2005）。

教師の感情は，子どもの感情を巻き込むのである。何をどのように教えるかという教育方法はもちろん重要ではあるが，まず初めに，教師自身が教える活動が好きであり，担当教科の面白さを子どもに伝えたいという気持ちをもつことが大切なのであろう。

4．社会性の発達

人は社会的動物であると言われる。一生を通じてさまざまな人と出会い，関わり，協働することを通して，社会における価値規範や行動様式を身につけていく。

社会性とは，「人が社会の成員になるまでの過程で身に付ける，社会に適応するための能力」のことである。ここでは，社会性の発達に重要な愛着と友人関係の役割ついて紹介したい。

（1）　愛着

1）　愛着形成

乳幼児はか弱い存在であるため，養育者の保護や世話なくして生きていくことはできない。幼児が道端で転んで擦り傷を負った際に，泣きながら真っ先に駆け寄る先が親であるように，乳幼児にとって親は何よりも安心できる居心地の良い大きな存在なのである。

イギリスの精神科医のボウルヴィ(Bowlby, J.B.)は，こうした乳幼児期の母子関係の重要性を主張し，愛着(アタッチメント)理論を提唱した。アタッチメントとは，「人が特定の他者との間に結ばれる親密で情緒的な絆」のことである。乳幼児が発信する反応に養育者が微笑みかけたり抱きしめたりするなど，母子間の温かな相互コミュニケーションが繰り返されることでアタッチメントが形成される。ボウルヴィは，アタッチメントの発達を４つの段階から捉えた(図２－６)。誕生から生後２・３ヵ月は人の弁別ができないためすべての対象

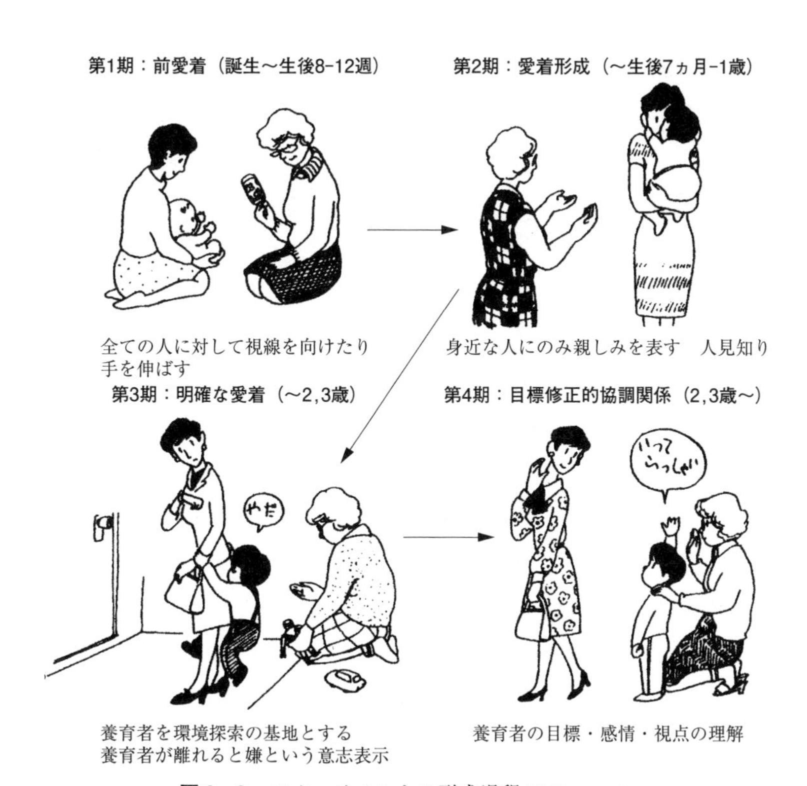

図２－６　アタッチメントの形成過程(伊藤，2010)

に愛着行動を示すが，6ヵ月頃になると世話をしてくれる特定の養育者を認識できるようになり，それ以外の他者に対して人見知りをするようになる。その後2・3歳までに養育者との愛着形成が強まり，それと同時に，養育者を安全基地として外界に対して探索行動を行うようになる。3歳以降になると，養育者の存在が心的イメージに内在化されるため，養育者の存在が目視できなくても，いずれ自分の所へ戻ってくると認識できるようになる。

2）愛着形成の影響

養育者から十分な愛情を注がれて愛着が形成されると，自分は価値ある大切な存在であるという自己感覚や，人は何かの事態に自分を助けてくれるという他者感覚が養われる。こうした自己や他者のあり方に関するイメージのことを内的ワーキングモデル（internal working model）という。内的ワーキングモデルは親の養育態度から多大な影響を受け，乳幼児が成長した後に，養育者以外の他者と関係を築く際のモデルとして機能する。そのため，養育者から十分な愛情を注がれなかった子どもは，大人になっても自己の存在価値や他者への基本的な信頼感を見出すことができず，対人関係や情緒面などにおいて問題が表出しやすくなる。

エインズワース（Ainsworth, M.D.S.）は，幼児の愛着タイプとその行動特徴について，ストレンジ・シチュエーション法（strange situation procedure）という測定方法を開発し実験を行った。この実験は，幼児が部屋の中で母親と引き離させられたり見知らぬ他者（ストレンジャー）と対面させられたりするなど，幼児にとってきわめてストレス状態が高い場面を意図的につくりだし，こうした状況下における幼児の反応パターンを分析するものである。その結果，母親と分離しても混乱を示すことなく，再会時には接近を避けようとする回避型（Aタイプ），親と分離するときに多少の混乱を示すが，再会時には身体的接触を求めてやがて直ぐに落ち着くようになる安定型（Bタイプ），親と分離するときに激しく混乱し，再会時には身体的接触を求める一方で泣きながら激しく叩くなどの攻撃的反応も示すアンビバレント型（Cタイプ），以上の3つの愛着タイプが検出された（表2−3）。しかしその後，これらいずれのタイプにも属さ

表2－3　愛着タイプの特徴(向谷，2005)

	子どもの再会時の特徴	養育者・養育環境の特徴
Aタイプ (回避型 avoidant)	親との分離時に泣いたり混乱を示すことがなく，再会時に母親を避ける。親を安全基地として利用することがほとんどない	子どもの働きかけに対して全般に拒否的に振る舞うことが多い。愛着シグナルを適切に受けとめてもらえないので，子は愛着の表出を抑えるかあまり近づかないようになる
Bタイプ (安定型 secure)	分離時に多少の泣きや混乱を示すが，再会時は親に身体的接触を求め，容易に落ちつく。親を活動拠点(安全基地)として積極的に探索行動を行うことができる	子どもの要求に敏感かつ応答的で，その行動は一貫しているため予測しやすい。子どもは，親は必ず自分を助けてくれるという強い確信と信頼感を寄せているため安定した愛着パターンを見せる
Cタイプ (両価型 ambivalent)	分離時に非常に強い不安感や混乱を示す。再会時は身体的接触を求める一方，親を叩いたり怒りを示し両価的に振る舞う。親から離れられず，親を安全基地として安心して探索行動に出られない	子どもの要求に対して応答のタイミングが微妙にずれるなど，一貫していないことが多い。子どもは予測がつきにくく，常にアンテナをはりめぐらせ愛着シグナルを送り続けることで親の関心を引きとめようとする
Dタイプ (無秩序型 disorganized/disoriented)	再会場面で非常に混乱した行動を示す。効果的でない方法で母親に接近し，その行動に整合性や一貫性がない。たとえば，母親に接近し始めたものの途中で立ち止まり，床にひっくり返って泣き出したまま近づくことができないなど，個々の行動がばらばらで組織だっていない	子どもを虐待するなど，子どもが親に対して恐怖心や警戒心などを抱いている場合。近親者の死など心的外傷から回復していない母親，抑うつ傾向の高い母親が多いといわれている

ない無秩序型(Dタイプ)が認識されるようになった。このタイプは，母親に接近をしようとするが急に立ち止まってしまう，親の姿を見ておびえるなど，複雑で難解な行動を示す。Dタイプの子どもの約8割は，養育者によって虐待を受けていたり，母親の精神疾患などにより劣悪な家庭環境のもとで過ごしていたりすることが報告されている。

(2)　友人関係の発達と特徴

1)　友人関係の発達段階

児童期に入ると小学校へ進学し，乳幼児期の家庭生活を中心とした親子関係から，学校生活での友人関係へと人間関係の範囲が広がり始める。幼児期や小学校低学年では互いの家が近所であるなど，物理的な距離感の近さが友人関係の選択に大きな影響を与える。しかし，その後青年期にかけて，友人関係の質が段階を追って発達的に変化することが知られている。

小学校中学年から高学年は，行動や遊びを共にする者を友人とみなす傾向が強まり，凝集性が高く閉鎖的なギャング・グループという集団が形成され，男子に多くみられる。中学生になると，同じような趣味や関心をもつ者を好むようになり，友人同士でお揃いのキーホルダーを付けたり同一のスニーカーを履いたりする。つまり，互いの類似性や共通点を確認し合う行動が頻繁に見受けられるようになる。こうした内面的な密着関係が強い仲間集団を，チャム・グループといい，女子に多くみられる。高校生や大学生になると，“みんな違ってみんなよい”というように，互いの価値観や生き方を認め合えるようになる。こうした相互尊重を基盤とした集団のことを，ピア・グループという。

2)　青年期の友人関係と孤独感

青年期は，親からの精神的・社会的依存から脱却し，主体的な自己の在り方を追求する時期である。友人関係においても，青年期はチャム・グループからピア・グループへの移行期であり，友人との相互依存的な密着関係から離れ，自己と他者の個別性を尊重した友人関係を築いていく段階である。このように，“自分探し”が始まる青年期は，心理的に不安定に陥りやすく，強い孤独感に迫られることが多い。ただし落合(1999)によると，孤独感の質は一様ではなく，「自己の個別性の自覚」と「人間同士の理解・共感についての感じ方」の2次元から4つの型(タイプ)に分類される(図2−7)。A型は，人との融合状態の中で感じる漠然とした孤独感であり，何となく寂しさを感じている状態である。B型は，自分のことをわかってくれる人がいないという理解者欠如の

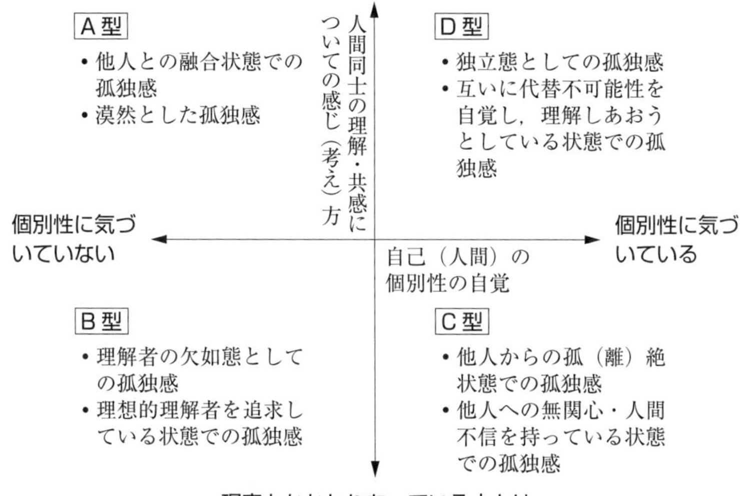

図2－7　孤独感の4類型(佐藤，2010)

孤独感であり，理想的な理解者に出会うことを期待している状態である。C型は，他人から孤絶した状態での孤独感であり，人とは当たり障りのない表面的な交流を行い，自己開示することを避け，内心では人への不信感をもっている状態である。D型は，個別性に気づきながら人と理解・共感できている状態であり，他者に対して開かれた明るい孤独感である。

本章では，発達のメカニズムとそれを支える支援について述べてきたが，このような視点をもって，教育相談にあたっていただきたい。

3章 小学生までの発達と教育相談

人は生まれてから死ぬまでの一生の中で，それぞれの時期に乗り越えるべき課題，いわば発達課題に直面する。子どもの発達のプロセスは，乳・幼児期，児童期，青年期を通じて，子どもが各時期の発達課題を達成していく過程といえる。すなわち，子どもの問題行動は，子どもが各発達課題を達成しようとする営みの中で生じてくるものと考えることもできる。

表3－1は，各年齢段階で生じやすい問題行動とその誘因とをまとめたものである。本書でそのすべてを取り上げるのは難しいが，3・4章では，子どもの各年齢段階に代表的な問題行動とその相談事例に関して述べていく。なお，自閉症スペクトラム障害などの発達障害については，5章で取り上げることとする。

子どもの問題行動に気づいたら，まず子どもがどのような気持ちでその行動

表3－1　各年齢段階で生じやすい問題行動とその誘因

	起こりやすい問題行動	誘因となりやすい事項
乳児期	嘔吐，下痢，便秘，全身の発育障害，ことばの遅れ	几帳面すぎる養育態度(授乳・離乳・排泄などの訓練)，虐待，愛情の欠乏
幼児期	嘔吐，腹痛(下痢，便秘)，食欲不振，下肢痛，憤怒痙攣，頻尿，夜尿，吃音，夜驚，指しゃぶり，チック，性器いじり，不登園	弟妹の出生，きょうだい関係(嫉妬心・競争など)，一貫性のない養育態度，愛情の欠乏，活動量の不足
児童期	嘔吐，腹痛，頭痛，関節痛，頻尿，夜尿，吃音，爪かみ，学業不振，緘黙，不登校	きょうだい関係，親子関係(厳格，放任，過保護など)，友人関係(いじめなど)，教師との関係，学業，塾・習い事

を起こしているのかを子どもの立場で理解する「共感的理解」の立場にたち，子どもの気持ちをあるがまま受け止める。それと同時に，問題行動を示す子どもの様子を客観的かつ正確に理解する「評価的理解」も欠かせない。次に，なぜそのような行動をするのかという「因果的理解」の観点から，①問題行動の原因，②問題行動が生じやすい状態，③問題行動が持続する理由，④問題行動の改善に有効と思われる働きかけの4点について，仮説を立てる。そして，実際にその子どもとの関わりの中で，その仮説を検証していくのである。子どもへの働きかけと子どもの行動変容との関連を注意深く観察する中で，対象児に合った対応を見いだしていくことが重要となる。問題行動の予防策として有効と思われる対応も，その経過において見いだしていくことができるであろう。

1．乳児期の不適応とその特徴

（1）乳児期の発達的特徴

乳児期とは，生後およそ1歳半頃までの時期を指す。他の高等哺乳類の子どもが，誕生後まもなく自力で立ち，母親の乳房まで移動できるのに比べると，ヒトの子どもは非常に無力に見える（生物としての人間を，本章では「ヒト」と表記する）。生物学者ポルトマン（Portman, A.）が，乳児期を「子宮外胎児期」と呼んだように，乳児は1日のほとんどの時間を睡眠に費やし，栄養補給や安全確保など，生活のほとんどを親に依存せざるを得ない。ヒトのヒトたる所以（ゆえん）とされる直立歩行や言語の使用もまだできないが，実は，泣きや微笑，そして喃語（なんご）と呼ばれる発声によって，親や養育者と，お互いの身体リズムや表情，声を同調させることで，コミュニケーションの基盤をつくっているのである。2章でみてきたように乳児からの働きかけに対して親や養育者が応答的であればあるほど，乳児との間に確かな愛着（アタッチメント）が形成される（p. 51参照）。

（2） 乳児期の発達課題

ヒトが人間としての発達を遂げていくための土台づくりをしていくことが重要な課題となる。具体的には，昼間起き，夜間寝るという生活リズムの安定，離乳による食事の自立，はいはいからひとり歩きへとつながる移動能力の発達と活動の活発化，言語コミュニケーションの開始である。

また，抱っこや，共同注意，微笑み合うなどの養育行動を通じて，親が子どもとの間にあたたかい情緒的な交流を行い，安定した親子関係の形成を図ることが，後の健全な発達にとって不可欠となる。

（3） 乳児期の問題行動

症状としては，極端な活動性の低さあるいは高さ，始歩の遅れ，初語の遅れ，ヒト的な刺激に対する無関心，親に対する愛着形成の不全(人の声に注意を向けたり，アイコンタクトをとったりすることが困難，親などに抱かれても喜ばない)などが見られる。これらの症状は，発達障害の兆候として現れる場合があるがこれらについては，5章で取り上げることとする。

1） 反応性愛着障害

〈事例3－1〉

1歳6ヵ月のA子は，生まれたときからちょっとしたことで泣きやすく，夜泣きもひどいため，母親は常にイライラしています。母親は，いけないとわかっていてもつい感情的になってA子を叩いてしまう自分が情けなくもあり，このままエスカレートしてしまうようで恐ろしくもなります。

幼い頃から虐待を受けてきた子どもたちのなかには，周囲に対して不信感や警戒心が強く，困ったときに助けを求めることができない「抑制されたタイプ」と，逆に一見人懐っこく，無警戒に他人に近づくが深い交流はできず表面的な関係に終始する「脱抑制タイプ」がある。アメリカ精神医学会のDSM-5(2013)の日本語版『精神疾患の診断・統計マニュアル第5版』(2014)では，前者を「反応性愛着障害」，後者を「脱抑制型対人交流障害」と呼んでいる。前者は高機能自閉症と，後者は注意欠如・多動性障害と，それぞれよく似た臨床像を示すとも言われる。

親の身体的暴力がひどく，在宅のままでは子どもの安全が確保できないと考えられる場合には，児童相談所による介入が行われ，子どもを一時保護し，里親制度の利用や児童養護施設や児童心理治療施設(旧：情緒障害児短期治療施設)への入所といった処遇がなされる。

反応性愛着障害の子どもは，概して欲求不満耐性が低く衝動のコントロールができないため，待つということが難しく，暴言や暴力が出てしまう。そのため，学校等でうまく適応できず孤立してしまうことが多い。里親や施設の指導員の献身的な働きによって愛着の修復が試みられている現状がある。厚生労働省(2017)は，就学前の子どもは，家庭に近い環境である里親(ファミリーホームを含む)のもとで原則生活できるよう，75%達成という数値目標を掲げている。

児童虐待は，父親が多忙等のため不在がちとなる家庭の中で，育児疲れにより母親が精神的に追いつめられた状態となることが多いことが関係しているとみられる。母親の気持ちに余裕がないため，何をしても泣きやまない，せっかく作った離乳食を食べずに払いのけるなどの，子どもの手こずる行動にぶつかった際，ついカッとして暴力を振るってしまうということが少なくない。

また，1歳以下の子どもに排泄の自立を要求するなど，子どもの発達についての大体の知識さえ持っていないことも多い。虐待者は9割が実母であり，虐待が原因で亡くなった子どもの4割強は0歳児で，「望まない妊娠」をした母親が出産後すぐに虐待死させるケースが多い。そのような命を救いたいと熊本県熊本市にある慈恵病院には，何らかの事情で子どもを育てられなくなった親が子どもを託す「赤ちゃんポスト(こうのとりのゆりかご)」が2007年に設置されている。

家庭が困窮し生活基盤が揺らいでいれば，当然虐待のリスクは高まる。厚生労働省によると，2015年の所得調査(全国約34,000世帯対象，有効回答率71.76%)から算出した貧困線(必要最低限の生活水準を維持するために必要な収入）は122万円となっている。さらに，子どもの貧困率は13.9%と先進国で作る経済協力開発機構（OECD）の平均13.2%を上回り，主要36ヵ国中24位となっている。また，ひとり親世帯の貧困率も過半数を占める状態が続いており（厚生労働省，2016），虐待は個人の性格や責任のみに帰すことのできない社会構造的な課題という側面をもっていると言えよう。東京都福祉局（2005）の調査によると，児童虐待と認識された家庭のうち，ひとり親家庭が31.8%，経済的困難を抱える家庭が30.8%を占めていた。生活上の困難を抱え食事に十分な配慮をすることが難しい子どもやその家族に，安価で食事を提供する「子ども食堂」や，家族以外の他者と繋がり，高校中退引いては非正規雇用就職を防止するための学習支援の取り組みも全国的に広がりを見せている。

虐待者である保護者に対しては，自身の生育歴を聴取し，虐待者自身が抱えている精神的問題へ対応しながら，育児に関する知識と技能の訓練を行い，親としての力量の形成を図っていくことが必要となる。ときに，人格障害やアルコール依存症などが認められることもあり，虐待者が地域社会から孤立しているということもよく言われる点である。被虐待児に対して愛着の修復に努めるのと同じく，虐待者にとっても自己開示でき寄り添ってくれる支援者が必要といえよう。虐待者自身が，子ども時代に虐待を受けた体験がある場合も多いが，安易な先入観を持って接することは厳に慎みたい。

「児童虐待の防止等に関する法律」（児童虐待防止法）において制定されているように，「児童虐待を受けたと思われる」児童を発見した者は，速やかに，市町村，都道府県の設置する福祉事務所もしくは児童相談所に通告しなければならない。そして，それらの機関は通告した者を特定させるものを漏らしてはならないとされている。通告を行う抵抗感を減少させ，「疑わしきは通告」という姿勢が強調されているのである。さらに，学校や児童福祉施設，病院等の教職員は，児童虐待を発見しやすい立場にあることを自覚し，児童虐待の早期発見に努めなければならないとされている。歯科健診で虫歯があまりにも多い場合，ネグレクト（保護の怠慢）が疑われるということもある。

社会的養護が必要な子どもたちが暮らす児童養護施設や里親家庭は，原則としては高校卒業時の18歳で退所しなければならない。退所後の支援が不十分なため進学後の学業とアルバイトの両立が難しく，途中で学業を断念する例や，最初から進学を諦める例も少なくない。2017年の児童福祉法改正に伴い，義務教育を終えた若者が入る自立支援ホームについては，大学などで学ぶ場合，対象年齢を22歳の年度末に引き上げられることになった。県も，児童養護施設等の退所後に進学や就職をする人の家賃や生活費を貸与する無利子の貸付事業を実施している。国の９割補助事業で，一定期間就労を継続すれば返還を免除するなど実質的な「給付」事業とし，彼らの自立を支援する方向である。

2）ことばの遅れ

〈事例３－２〉

保育所の１歳児クラスに入所してきたＢ男は，２歳になってもなかなかことばが出ず，ようやく話すようになっても単語が中心で，二語文はほとんど出ません。

１歳半健診時に，ママ，ブーブーなど意味のあることばがあまり出なくても，後ろから名前を呼ばれたら振り向き，簡単な言いつけに従うことができたり，絵本などを見て「ワンワンは？」と聞かれたら指し示せたりすれば，様子をみてよい。ただし，視線が合わなかったり，指さしや人のまねをしようとしなかったりするなど，他者への関心が薄い場合には自閉症等が疑われるので，相談機関を受診するようすすめる。

いずれにしても，ことばの発達には，家庭における家族同士の楽しい会話や，親の子どもへの優しいことばかけなど，日常的にさまざまな場面で豊かなことばに触れる体験が欠かせないことを保護者に理解してもらう必要がある。

最近，テレビを見ながら，あるいはヘッドフォンで音楽を聴きながら，無言で授乳をしたりオムツを替えたりするなどの育児が報告されている。乳児が笑ったり声を出したりしても親は応じてくれないということが繰り返されると，乳児といえどセリグマン（Seligman, M.E.P.）のいう「学習された無力感」に陥いってしまい，微笑みも発声も出なくなり，表情が乏しくことばの発達が遅れがちな赤ちゃんになってしまう。さらに乳児と親との愛着（アタッチメント）がしっかり形成されないため，親を安全基地とした探索行動も生じにくい。

また，赤ちゃんにどのように話しかけたらよいかわからないという声もある。オムツ替えの際に「ほーら，おしり気持ちよくなったねー」と声をかけるなど，何げない日頃の養育行動にも子どもに共感することばかけを添えることから始めたい。また，絵本を用いたことばかけも，親も一緒になって楽しむことができる方法である。心地よい響きやリズムのあることばを楽しむ絵本や，くだもの，動物，乗り物など，本物そっくりの絵が描かれているものなど，乳幼児向けのすぐれた絵本も多くあるので，親も楽しめる。親がテレビを一緒に見ながら，登場する人物や動物，ことがらなどについて共感したり笑い合ったりして心を通わせることができれば，子どもの言語習得を促すテレビの活用といえるであろう。

乳児期の子育ては，エリクソン（Erikson, E.H.）のいう人生90年を生き抜くための「基本的信頼感」を培うためにも，言わば待ったなしの赤ちゃん優先の時期である。親が腹を据えてこの時期の発達課題に取り組むことが，結局は幼児期以降の深刻な問題行動を未然に防ぐ手立てとなることを，保育者は機会をとらえて保護者にも伝えていきたいものである。

保育者の対応としては，園で楽しく豊かに過ごしている様子とともに，園で子どもが発したことばをそれらが発せられた場面とともに記録し，親に連絡帳や口頭で伝えていくことが大切である。目には見えなくても，ことばの質，量ともに少しずつ育っている様子が分かると，親は大変安心する。すると，親は子どもが表情やふりだけで要求してきてもすぐには応じずことばで伝えるよう促したり，子どもがことばを発したらタイミングを逃さずに応答したりするなど，子どものことばの発達を促すためのより良い環境作りをする余裕が生まれるのである。

2．幼児期の不適応とその特徴

（1）幼児期の発達的特徴

直立歩行ができるようになり，まだたどたどしいが意味のあることばを話し始める。それまでの母子一体の状態から，幼児は一人の社会的存在としての自立への道を歩き始める。何でも自分の力でやらないと気がすまず，親からの制限や禁止を受けても，自分の意志を強く押し通そうとする傾向が目立つようになる。第一反抗期と呼ばれ，自我の芽生えがみられる頃である。

（2）幼児期の発達課題

幼児期には，人間として社会で生きていくために必要な行動様式，すなわち睡眠，食事，排泄，着脱衣，清潔にかかわる基本的な生活習慣を身につけ，自律した生活が可能となるよう，親によるしつけが開始される。

また，子どもの生活空間は拡大し，対人関係も，家族内にとどまらず，家の近所の大人や子ども，さらには幼稚園や保育所での保育者や友だちとの関係へと広がっていく。

つまり，乳児期に形成された親との健全な愛着を基盤として，親からの一時的な分離に耐えることができ，家族以外の大人との相互作用や仲間集団への参加ができるようになること，友だちとのけんかや協力を通して，基本的な社会のルールや善悪の判断を身につけ，遊びを通して自発性を発揮していくことなどが課題となる。

（3）幼児期の問題行動

さまざまなものがあるが，基本的生活習慣の確立については「夜尿(おねしょ)」，親子関係を反映したものとして「不登園(分離不安型)」，友だちとの関係や集団生活のなかで現れるものとして「かんしゃく」，ことばに関するものとして「ことばの発達の遅れ」「吃音(どもり)」，神経性習癖として「チック」や「指しゃぶり」等がある。

1）分離不安障害(登園渋り)

〈事例3－3〉
C子は，一人っ子で家庭でも母親にべったりしていることが多いため，親が早く集団生活を体験させたいということで，幼稚園の3歳児クラスから入園しました。母親は，園生活に溶け込めるか心配していたようですが，やはり送ってくる母親にしがみついて離れず，無理に離すと大声で泣きわめき，母親を後追いし，入園してまもなく登園を渋るようになりました。最近では，無理して行かせようとすると，お腹が痛いと言います。

幼稚園入園直後に，母親と離れることを嫌がり登園時に大泣きをしている姿は，多くの園で見られる光景であろう。いったん収まっても，週明けや長期の休み明け等にぶり返すこともある。保護者から離れることに過度に抵抗したり，不安が腹痛・頭痛・吐き気等の身体症状として表れたりするのが分離不安障害である。

2歳くらいまでは，常に母親と一緒にいたいという気持ちが強く，母親の姿が見えないとこのまま母親がどこかにいってしまうのではないかと不安(分離不安)になり泣いてしまう。しかし，3歳くらいになると，ある程度母親の考えや行動を予想できるようになり，母親の姿が見えなくなっても用が済んだら戻ってくるだろうという予測がたつので泣かなくてもすむようになる。つまり，3歳以降も分離不安障害を示す子どもにとっては，ひとつの可能性として，自分の母親の気持ちや行動が予想しにくいのではないかということが考えられるのである。すなわち，エインズワース(Ainsworth, M.D.)のストレンジ・シチュエーション法によってA群(回避型)あるいはC群(両極型)と評定される母親の養育態度である。回避型の母親は拒否的であるため，子どもは傷つくことを恐れ母親に接近することに対して消極的になってしまう。一方，両極型の母親は気まぐれで安定感に乏しいため，子どもは気づいてもらおうと激しい感情を表出しがちである。

繁多進(1987)は，１歳時にＡ群(回避型)あるいはＣ群(両極型)に分類された親に対し，子どもとの接し方や育児観についてアドバイスを行うことによって，２歳時にはＢ群(安定群)に変容させる等，教育的効果を上げている。

また，実は，親の側に子どもが園でやっていけるだろうかという不安が強く，子どもはその不安に巻き込まれているだけという場合がある。親への面談のなかで，親の不安を支え自らの不安が子どもに伝染してしまっていることを徐々に自覚してもらうことが重要となる。親が園での子育てに関する茶話会などに参加し他の家庭の子どもの様子を知ると，悩んでいるのはうちだけではないと安心したり，子育てのヒントを得て励まされたりすることも多い。

入園直後は登園渋りが見られても，園で家庭とは違った楽しみ方を見つけることができるとそれが誘因となり保護者からの分離が促される。何より子どもが「園は楽しいところだ」という実感を持てること，保育者が園での保護者代わりとなる安心できる人物となることが重要である。徐々に保護者と離れられるようになったら，他の子どもに働きかけて遊び仲間に誘い入れ，得意なことで友だちから認められる経験をするなど，友だちとの関わりが発展していくよう配慮する。大人との保護的な関わりだけでなく，同世代との競合的な関わりも持つことができないと，就学後にも選択性緘黙等の問題行動が新たに生じる場合もあるからである。

相談機関では，チック(p.70参照)の場合と同様，子どもに対する遊戯療法と並行した保護者面接が行われることが多い。治療を何回か行っていくうちに，子どもが母親と離れて治療者と過ごす体験を積むことによっても，母子分離が促進される。

2)　かんしゃく

〈事例３－４〉

５歳のＤ男は，自分の思うようにならないと，よくかんしゃくを起こします。周りのものに手当たり次第に叩いたり，蹴ったり，床に引っくり返ったりし，なかなか収拾がつきません。

幼児は，ことばによる表現力がまだ不十分なので，子ども自身，言いたいことやしてもらいたいことが思うように表現できない。自分の気持ちが周りの大人に伝わらないと子どもはイライラしたり，不安になったりする。このとき，身体全体を使って自分の感情や要求を表そうとするのが，かんしゃくである。大声で叫ぶ，泣く，床を転げ回る，物を投げつけるなどの行動をとる。

抱っこ等で情緒の安定を図ると共に，よくない行動に対しては理由を説明し毅然とした態度でしかることが大切である。さもないと「泣きわめけば要求が通る」ということを学習してしまう。親の方で許容範囲を決め，一貫した対応をとることが肝要である。この前はガチャガチャ(小型自販機に硬貨を入れレバーを回すと出てくるカプセル入りの玩具)をさせてくれたのに，今日は理由なくダメと言われても子どもも納得できず，かんしゃくを起こしたくなってしまうであろう。また，家庭の中に，ある人がかんしゃくを起こすと家族がその人の言うなりになるというような状況があると，子どもが同じように行動する場合がある。

あわてふためいたり取り乱したりせず，まずはかんしゃくが収まるのを見守り，待つ。長引いてそのままにしておけないときには，優しくとんとんと背中や肩をたたき，気持ちをなだめてやるのがよい。うるさいからと一方的にしかったり拒否したりしてばかりいては，かんしゃくは一向に収まらない。子どもの欲求不満耐性及び自己統制力といったものは，親や保育者に受容されることによって育っていくのである。また，かんしゃくを抑えることだけでなく，エネルギーを発散できるようなことを工夫していく視点も重要である。

子どもが許しがたい行動をしたときに，他の場所に移動させて一定時間過ごし気持ちを落ち着かせる行動療法のタイムアウトという手法もある。1歳につき1分を目安とするとも言われている。そして，たとえば「だいじょうぶ，だいじょうぶ……」というような怒りを鎮めるキーワードを一緒に考え，イライラしたときにはそのことばを心の中で何度も唱えて自分を落ち着かせることに成功すると自信に繋がっていく。激しいかんしゃくには大人も困惑させられるが，「こんなことして悪い子ね！」というようにその子を全否定することばかけは慎みたい。「～ちゃんのお手々が悪いから直します」と言って手をなでながら絆創膏を貼るなど，「罪を憎んで人を憎まず」という諺のとおり，問題行動を人と切り離して考える「問題の外在化」の視点をもつことで，大人も落ち着くことができるだろう。

さらに，　大泣きしたときに，「泣き入りひきつけ」「息止め発作」などと呼ばれる憤怒痙攣を引き起こされることがある。呼吸が止まり，顔色が青紫色になるチアノーゼを起こし体を反り返らせるが，数十秒で呼吸を始め全身の力が抜けて意識を取り戻すというものである。一度そのような体験をすると，その後親がビクビクしてしまい，子どもを泣かせまいとして過保護になったりすることもあるので，的確な対応について医師等から指導を受けた方が良い。

3)　吃音(どもり)

〈事例3－5〉
3歳のE男は，話し始めも早く，多語文も順調に出ていましたが，「ママママママ」というように，出だしの音を繰り返したり，「僕，うーうー，ゼリー食べたい」のように途中でことばがなかなか出なくなったりするようになりました。

話しことばのリズムの障害であり，「ぼぼぼくね」というように最初の音や音節，単語を繰り返す「連発」，「ぼーくね」といったように最初の音節を長くのばす「伸発」，「……ぼくね」というように最初の音や音節が出にくい「難発」が主なものである。2～4歳頃の子どもは，話したいことがたくさんあるのに思うようにことばが出てこずに，どもるような話し方をすることが多い。3歳児健診時の言語相談でもよく出るが，この時期に，周囲が子どもの話し方を心配して注意し過ぎると，かえって話しことばのリズムの乱れが固定してしまうこともある。

幼児期は，行動範囲も家庭の内から外へと大きく広がり，語彙数が急激に伸びていく。保育所や幼稚園への入園もあり，それまでは大目に見られていた基本的生活習慣等についても急に厳しく見直されてくる時期でもある。また，弟妹が誕生することの多い年齢でもあり，周囲の関心が急にそちらに向かってしまうことを無意識に恐れ，防衛機制の退行(赤ちゃん返り)を示すこともある。親の焦る気持ちはもっともであるが，話し方に過度に注目することなく，どもっても気にせず楽しく話す温かい雰囲気を大事にしたいものである。

相談機関では，チック（p.70参照）の場合と同様，子どもに対する遊戯療法と並行した保護者面接が行われることが多い。

4）夜尿（おねしょ）

〈事例3－6〉

5歳のＦ子は，まだときどきおねしょをします。母親は，夕食後はなるべく水分をとらせないようにし，夜中も起こしておしっこをさせるのですが一向に治りません。いけないと思いながらも，ついつい小言を言ったりしかったりしてしまいます。

夜尿（おねしょ）は，3歳ぐらいまでのとき，膀胱の機能がまだ完成されておらず，夜眠っている間に作られる尿量と，尿を貯める膀胱の容量とのバランスが取れていないために起こる。夜尿症は，一般的に就学直前の5，6歳で約20％台，小学校低学年で約10％台，高学年になっても5％程度見られる（日本夜尿症学会，2016）。児童期になっても続く場合には，夜尿のために子どもが自信を喪失し，心理面，社会面，生活面にさまざまな影響を与えることがあるので，医療機関に相談しながらの薬物療法も含めた対応が必要となってくる。いずれにしても膀胱や腎臓の器質的な異常がないかどうかの診察は必要である。

夜間の尿量が多い「多尿型」は，抗利尿ホルモンの分泌不足が原因で起こる。抗利尿ホルモンは，ヒトがぐっすり眠ると腎臓に作用し，尿の中の水分を体内に戻すことで，尿を濃く少なくする。この働きによって，ヒトは長時間トイレに行かずにすみ，まとまった睡眠がとれる。抗利尿ホルモンの分泌が少ないと，薄い尿が大量に作られて膀胱容量を上回ってしまい，おねしょにつながるのである。

膀胱容量が小さい「膀胱型」は，膀胱機能に関わる神経がまだ十分に発達していないため，膀胱がふくらみにくく，尿量が少なくてもあふれてしまうものである。

また，強い心理的ストレスや，夜更かし，朝寝坊などの生活リズムの乱れによっても，脳下垂体視床下部から分泌される抗利尿ホルモンの量が少なくなり，夜尿症の原因となることもある。

治療として，以下のような生活指導が行われる。

(1)　規則正しい生活リズム(起床・食事・就寝など)を確立する。

それにより膀胱や尿道の働きを調節する自律神経の働きをよくし，夜間に十分な睡眠を確保することで抗利尿ホルモンの分泌もよくなる。夜中に起こして排尿させると，睡眠リズムが乱れ抗利尿ホルモンの分泌が少なくなったり，膀胱容量がさらに小さくなったりしてしまい，逆効果となるのでやめた方がよい。

古典的条件づけを応用した行動療法(１章参照)のひとつとして，パンツの濡れを感知するとアラームがなるアラームシーツがある。おねしょがアラームによって嫌悪的条件づけされ，膀胱内圧が高まり尿意を感じると括約筋が収縮して覚醒が促されるようになるというものである。子どもの負担を考慮し，夜尿外来や泌尿器科などの専門医と相談の上，使用していくことが望ましい。

(2)　排尿抑制訓練で膀胱容量を大きくする。

日中，尿意を感じてもできるだけ排尿をがまんして膀胱を膨らませ，膀胱容量を大きくする治療法である。夜尿を治したいという気持ちが強い子と親に言われていやいや訓練している子とでは動機づけに大きな差があり，当然がまんできる限界尿量は大きく違ってくる。訓練の意義をよく説明し，本人がすすんで訓練することが重要である。

(3)　夕方からの水分摂取量を少なくする。

5)　チック症／チック障害

〈事例３－７〉

５歳のＧ男は，数ヶ月前から盛んに目をパチパチさせ，しかめっ面をするようになりました。家でも頻繁にやっているようで，母親が「みっともないからやめなさい！」としかったところ，症状がますますひどくなってしまいました。

チックとは，突発的な不随意運動や音声が繰り返し生じる現象を指す。運動チックは，まばたきをする，首を振る等，上半身に出るものが多い。音声チックには，咳払いをする，吠え声を上げる，鼻をすするといったものがある。

「うんこ」などの不潔・卑猥なことば(汚言)を言うものや，同じことばを繰り返す(反復言語)ものもある。種々の運動チックと音声チックのどちらかがほぼ毎日１年以上持続する場合には，トゥレット障害と診断される。周りに奇異な印象を与えるため友だちに笑われてしまうことがあり，本人が気にすることによって頻発するということになりやすい。保育所や幼稚園に事情を話し，周りの子どもたちへの配慮を依頼することも必要である。

５歳頃から発症し，多くは小学校入学前後にみられる。チックは爪かみと同様に，悩みや葛藤によって生じる緊張や不安のはけ口がない状態であると考えられる。多くは，１年以内に治まってしまう一過性のものであるが，本人以上に周囲にいる者が気になるものである。しかし，チックを止めさせようと，周囲が口うるさくしかったり罰したりすることは，効果がないどころか子どもの緊張を高め，かえって症状を悪化させてしまう。もし，家族や友人関係等にストレスの原因があれば，そちらの解消を図ることが，結果としてチック症状を治すことになる。そのため，遊びを通して不安や緊張をほぐす遊戯療法（１章参照)が効果的である。プレイルームで遊ぶオモチャを自分の意思で自由に選択する等の体験を通して，自発性を育てる効果もある。子どもが情緒的に安定するとともに，チック症状は徐々に消失していく。

親の養育態度としては，小言が多く褒めることが少ない等子どもに対する要求水準が高く，子どもの気持ちに配慮するというより親の価値観を押しつけている場合が多い。子どもへの遊戯療法と並行して，保護者の気づきを促し，養育態度の改善を進めていくための保護者へのカウンセリングを行うことも有効である。本人の身体での甘えが少なかったり，運動量が少なかったりすることもあるので，寝る前に布団のなかで寄り添って絵本の読み聞かせをしたり，ボール遊びや水遊びなど戸外での遊びの機会を多くしエネルギーを発散させることも大切である。

チック症状が長期に続くトゥレット症／トゥレット障害や，音声チックが学校園や幼稚園・保育所などで目立ってしまうなど生活に支障が出ている場合には，薬物療法を併用する場合も多いので，医療的サポートの受けられる児童精神科等の専門機関に相談した方がよい。

6） 指しゃぶり

〈事例3－8〉

3歳のH子は，夜寝るときは必ず，昼間でも気がつくとよく指しゃぶりをしています。歯並びが悪くなるのではないかと心配になった母親が注意したところ，かえって吸う時間が長くなってしまいました。困った母親が最近，指に辛子を塗ったところ，自家中毒（周期性嘔吐症）になってしまいました。

問題となるのは，だいたい2歳以上児の指しゃぶりである。それ以前の乳児期にみられる指しゃぶりは，ピアジェ（Piaget, J.）がいみじくも「感覚運動的思考段階」と命名したように，その時期に敏感な感覚の集中する口唇を使って，次第に自分の意思にそって細やかに動かせるようになった指の感覚を楽しんでいる知的な探索活動であり，心配はいらない。また，就眠儀式として就寝時にのみ見られるのであれば，永久歯が生えてきてことばでのやり取りもかなりでき，指しゃぶりをすることを恥ずかしいと思う5歳ぐらいの年齢になったら，歯列に影響が出ることを話せば治まってくるものと思われる。

指しゃぶりは気持ちを安定させる効果があるが，どの子にも見られる現象が通常消える時期になっても残っているということは，人や外界との交流が少なく手もちぶさたの状態になっているか，入園や弟妹の誕生など何らかの不安や寂しさの強い状況が続き，習慣化してしまったと考えられる。

チックの場合と同様，指しゃぶりを止めさせようと強くしかることは，効果がない。歩きながらしゃぶる方の手をつないだり，「せっせーのよいよいよい」などの手遊びをしたりするなど，意図的に指しゃぶりできない状況を作ったり，指しゃぶりではない楽しい手の使い方ができるよう働きかけていくことが大切である。

保護者への援助としては，「指しゃぶりは手持ちぶさたか不安の強い証拠です。指しゃぶりを禁止することばかけをするのではなく，もっと抱っこしたり，魅力ある遊びなどに誘ったりして手を使うようにしましょう」といった，ことばによる指導にとどまらず，日頃，園児に対して行っている保育技術を親の前でしてみせることが有効である。「やってみせ，言って聞かせて，させてみて，誉めてやらねば人は動かじ」ということばがあるが，親が日常生活のなかで実践していけるようにサポートするということを心がけたい。最近，子育て支援の一環として盛んに行われている，保育所の園庭開放等の機会を捉えても行いやすいアドバイスであろう。保育所や幼稚園での子育て支援については7章で詳しく述べる。

3．児童期の不適応とその特徴

（1） 児童期の発達的特徴

小学校への入学に伴い，1日のうちの多くの時間を学校で過ごすことになる。そのため，子どもはまず学校での集団生活のさまざまなルールを身につけて行動することが求められる。さらに，教師の指導のもと，同年齢の仲間と共に一定のカリキュラムに従って学習活動に取り組み，社会に必要な知識や技能を習得し，有能感を高めていく。さらに，班，クラス，クラブ，委員会など，学校生活におけるさまざまな単位の集団において，責任を持って一定の役割を果たすことも経験する。また，中学年頃は，ギャングエイジと呼ばれ，仲間関係が重要性を増す。幼児期のような物理的近接性や一過性の利害関係などに基づく流動的な仲間関係から，興味・関心・性格・能力・趣味などの内的属性に基づく比較的持続性の高い仲間関係へと変化していく。

（2） 児童期の発達課題

ギャングエイジ以降の仲間集団には，①主に同性のメンバーから構成され，遊びを中心にさまざまな活動を共にする，②集団の成員性が明確で閉鎖的である，③集団内での地位・役割の分化が見られるなどの特徴がある。こうした仲間集団に受け入れられ，共に活動するなかで，仲間関係を維持するために必要な社会的スキルやそれぞれの性別にふさわしい行動様式などを獲得していく。

（3） 児童期の問題行動

文部科学省が平成24(2012)年2月から3月にかけて協力者会議に委嘱して実施した「通常の学級に在籍する発達障害の可能性のある特別な教育的支援を必要とする児童生徒に関する調査」の結果によると，知的発達に遅れはないものの，学習面や行動面で著しい困難を示す児童・生徒の割合は，6.5%であった。「学習面で著しい困難を示す」とは，「聞く，話す，読む，計算する，推論する」において，「行動面で著しい困難を示す」とは，「不注意，多動性－衝動性，対人関係やこだわり等」において，それぞれ1つあるいは複数で著しい困難を示す場合を指す。つまり，40人学級では，2～3人，30人学級では1～2人在籍している可能性があり，特別な教育的支援を必要とする児童生徒が「どの学級にも在籍している可能性がある」という意識を持つことが必要であろう。

仲間関係を含めた学校生活への不適応として代表的なものは，「不登校」と「選択性緘黙」である。不登校については，4章で取り扱うこととする。また，学業に関するものとして，「学業不振」がある。発達障害に含まれる「学習障害」や「注意欠陥・多動性障害」「広汎性発達障害」は，児童期になって一斉授業という枠組みのなかでの学習が開始されると適応の困難さがより目立つ形となるが，これらについては，6章で取り扱うこととする。

1） 学業不振

〈事例3－9〉

3年生のI男は，大人びた雰囲気で教師にも家庭での出来事を活き活きと要領よく話すこともでき，図工などでも完成度の高い作品を作ります。しかし，なぜかテストは成績が振るわないので，できるのに怠けているように見えてしまいます。

平均かそれ以上の知能を持ちながら，教科学習では，知能から予測されるだけの成績を上げていない状態を指す。標準化された知能検査と学力検査とを実施し，成就値(＝学力偏差値－知能偏差値)がおおむね－10以下，または成就指数（＝学力偏差値／知能偏差値×100）が85以下であれば，学業不振と見なされ，当該の児童を「アンダーアチーバー」(underachiever)と呼ぶ。学力が低いことのみではなく，十分に能力が発揮できていないという点に着目すべきである。

従来，聴覚障害児に対する指導実践からの知見として，教科学習の習得には「9歳の壁」があるということが指摘されてきた。小学校中学年頃になると，授業内での発言や発表，話し合い，作文など，多数の相手に向けて自分の考えや気持ちを伝える機会が増えてくる。すなわち，岡本夏木(1985)の言う「二次的ことば」を身につけることが必要となるのである。これ以前には，親しい人との間で話され，表情や身振りといった文脈的手がかりに頼ることができる「一次的ことば」が多く用いられるが，中学年以降になると「一次的ことば」も「二次的ことば」の影響を受け，子どもは身近な生活体験をより的確に表現することができるようになる。さらに，算数の授業で小数や速さについて学んだり，スズメやカラスは鳥という上位概念として括られるということを知ったりするなど，学習内容が生活体験的なものから抽象的な内容へと移行していく。この大きな変化についていけず，落ちこぼれてしまう子どもたちがいることが指摘されている。

学業不振を誘発する要因としては，その児童の性格傾向や行動上の特性など内的なものと，地域や家庭の環境など児童を取り巻く外的なものに大別される。

前者としては，自主性や集中力の欠如が学習習慣の形成を妨げている場合等が挙げられる。結果として児童は低学年のうちに基礎学力が形成されない状態のまま，次々と進級することになってしまい，学年が進むにつれて学習内容が高度になりまた学習量も多くなってくると，ますますついていけず，また他の児童との格差が広がり，児童はさらに学習に対する興味や意欲を失ってしまうのである。強すぎる劣等感は努力を放棄させるが，程良い劣等感は努力を動機づけることにもなる。ヴィゴツキー(Vygotsky, L.S.)が「発達の最近接領域」理論で主張しているとおり，ちょっと難しい課題を提示することが重要なのである。

後者としては，家庭において，子どもの教育に対する関心が希薄であるために，学習習慣を身につけさせる努力がなされていない場合と，逆に，心配しすぎるあまり過保護，過干渉な養育態度となり，結果として子どもの自主性を育てられなかった場合がある。

また，最近「子どもの貧困」が問題となっている（p.59の反応性愛着障害 参照）。当然のことながら，子どもの性格・行動上の問題と家庭環境とは密接に関連しており，継続的に影響を及ぼし合うものである。したがって，指導に当たっては，どのような点が障害となっているのかを明確にし，家庭との連携を粘り強く進めながら援助していく必要がある。

また，知的障害に関するこれまでの診断基準ではIQ値70が知能低下の基準として記載されていたが，DSM-5では，IQ値が削除され，臨床評価適応能力の問題の程度で判断されることになっている。なお，全般の知的発達に遅れはないが，特定の学習上の能力の習得と使用に著しい困難を示す「学習障害（LD）」については，5章で詳しく述べる。

2）選択性緘黙

〈事例3-10〉

小3のJ子は，入学以来，学校では一言も口をきいていません。授業中は身体を固くしてほとんど顔を上げませんし，休み時間に友だちに誘われても遊ぼうとはしません。指名しても答えないし，また音読もせず，歌もうたわないといった様子でした。しかし，学校での先生や子どもたちの様子はよく見ているようで，家に帰ってから，母親に事細かに話すこともあるようです。

家庭は，両親との3人家族で，自営業のため大人の出入りが多いとのことです。教育センターのプレイルームでは，カウンセラーと会話しながら遊ぶこともできますし，家庭訪問時なら担任の先生とも話ができます。

緘黙とは口を閉ざすという意味である。

DSM-5では，その定義を「他の状況では話すことができるにもかかわらず，特定の社会状況（話すことが期待されている状況。たとえば，学校）では一貫して話すことができない。この障害が，学業上，職業上の成績，または社会的な意思伝達を妨害している」としている。一般には，「場面緘黙」と呼ばれる。

家庭では普通に話しているので，親たちにとっては問題意識がなく，学校から連絡を受けて初めて様子を知り驚く親もいる。

選択性緘黙の子どもの親に多い養育態度の一つに，サイモンズ(Symonds, P. M.)の親の養育態度類型で無視型と呼ばれるタイプがある。このタイプの親は，子どもの感情や要求に対する配慮が少なく，子どもへの指導的な関わりも少ない。親自身も非社交的であることが多いため，子どもが対人関係能力を身に付けるための身近なモデルとして親が機能していないのである。もう一つは，同じくサイモンズの過干渉型と呼ばれるタイプである。歳の離れた兄弟や大人に囲まれた環境等で，人に何でもしてもらうということに慣れてしまっていると，自立が求められる集団生活の場は，緊張と不安を喚起する。同年代の仲間とのやりとりの経験が不足しているため，小学校に入学し，一層活発になる仲間とのやりとりを前にして，他児に恐怖心を抱き，戸惑い，後退してしまうのである。いずれのタイプも，できればお兄さん・お姉さん的な大人がそれまでに不足している年齢相応の生活体験や対人関係スキルを一緒に体験し，自立への自信をつけさせるといったモデリングの手法を取り入れていけるとよい。そのためには，相談機関や学校の教師が家庭と連携・協力して，保護者の養育態度を見直していくことが必要である。

また，無理に話させようとする厳しい姿勢の指導ではなく，緊張の緩和や不安な気持ちを取り除く働きかけを行っていく必要がある。話させることだけにこだわると，かえって子どもを追い込み，ますます閉じこもらせてしまうことになりがちである。話さないが集団行動は普通にできているような場合には，言語的な表現にこだわらず首振りや文字を書いてのやりとりを認めるなど，今できることを大事にしていく行動療法のスモールステップ(１章)の考え方が有効である。担任教師の対応が柔らかくなることで，患児の緊張が緩んでくると症状も好転していく。

選択性緘黙の子どもに対する理解を広めたいと，緘黙の子どもたちの親の会が制作した絵本がある。「なっちゃんの声～学校で話せない子どもたちの理解のために～」（はやしみこ，2011）というもので，選択性緘黙のなっちゃんは，学校では「常に舞台の上に立っているような感じ」だと言う。巻末には「クラスのみなさんへ」というメッセージがあり，「もしも，声が出たときは『あ，しゃべった』と言わないでくださいね．とてもドキドキして，また声が出なくなってしまうかもしれません。」とある。目立たない方法での援助を心がけ，他の児童の注目が集まることは避けたほうが良いようである。幼児期または小学校低学年までに，周りが気づき，支援を開始できると予後が良い。

一方，本人の得意な作業に関連する係りや当番の仕事などを通して，友だちに認められる体験も大変重要である。仲間集団から学ぶことの多い児童期に，集団に入れないという状況にあると，孤独感や抑うつ的な感情が高まり，行動面だけでなく心理的な問題にもつながっていく。選択性緘黙のみへの対応としてではなく全般的な対応として，やはり，教室内が自分の「心の居場所」となり得るかという点は，児童にとって非常に重要である。開発的教育相談（1章参照）の見地からも，日頃から，構成的グループエンカウンターを取り入れるなどによって，互いに自己開示ができ，心の交流のできる学級作りを目ざしたい。

中学・高校生までの発達と教育相談

1．青年期，思春期とは

（1） 青年期，思春期という時期

この章では，およそ中学生から高校生にかけての心理的な発達や，また，この時期から多くみられるようになる不適応，さらには，心の病などについてみていきたい。

ふつう，この時期を青年期と呼ぶ。青年期が何歳から何歳の間を指すかという明確な定義はないが，はじまりは11，12歳くらいと考えてよいのだろう。終わりがいつであるかについてはいろいろな見解がある。ただ，現代では青年期をかなり幅広くとらえ10代前半から30歳くらいまでを青年期と呼ぶことが多い。また，青年期のうちとくに10代前半を思春期という。中学生の時期はほぼ思春期といってよいだろう。だから，中学生から高校生にかけての時期は，おおよそ思春期，そして青年期の前半ということになる。

本章でも，必要に応じて青年期，思春期などの用語を用いるが，だいたい今述べたような時期を指すものとして理解していただきたい。

（2） 第二次性徴と思春期

10歳から11，12歳くらいになるといわゆる第二次性徴を迎える。第二次性徴は思春期のはじまりである。第二次性徴に伴いさまざまな身体的な変化が現れる。そのような身体的変化は男女で異なる。男子の場合，精通現象，恥毛の発生，髭などが濃くなる，声変りがする，喉仏が大きくなる，筋肉が発達し男性的体格が形成されるといった特徴が，女子の場合，初潮があり月経がはじまる，恥毛の発生，骨盤が発達し女性的体形になる，乳房が大きくなるといった特徴が出現する(福富，1988)。こうして思春期に入ると人は身体的・生物学的にはほぼ成人と同じ性差を有し，また，成人と同じ機能をもつようになる。

しかし，いうまでもないことだが，現在のわが国において十代はじめの児童や生徒が成人と同じとみなされることはない。そもそも，義務教育を終え15歳に達するまでは就労することもできない。最短でも，そこまでは保護者やそれに準じる立場の成人の庇護の許(もと)に暮らさなくてならない。つまり，社会的，経済的には成人とはいえない。しかも，現在のわが国の高等学校進学率は，96パーセントに達している(文部科学省，2016)。

だから，12歳から18歳までの青年の９割以上は，身体的・生物学的には成人といえても社会的・経済的にはまだそれ以前の児童期と変わらないのである。

このように人間は身体的・生物学的な側面と社会的・経済的な側面から捉えることができるが，実は，もうひとつの別の側面がある。心理的な側面である。心理的側面は，身体的・生物学的な側面と社会的・経済的な側面のちょうど中をとりもつところに位置する(図４－１)。

ある程度の年齢に達した成人では，これら３つの側面はバランスのとれた比較的安定した状態にある。ところが，青年期(とくに思春期)では，そこがアンバランスな状態にある。つまり，心理的側面は一方で隣接する身体的・生物学的側面によって上に引っ張られ，一方で，未だ変化のない社会的・経済的側面によって引き戻されて，引き裂かれそうになっているのである(図４－１)。

たとえば，身長が伸び，体重も増え，筋力も増せば肉体的には成人と同じだという自信を持つようになるかもしれない，しかし，現実の社会ではそうした成熟した身体を使って成人と同様に労働することはない。そうすると，むしろ，有り余る力を持て余し，自分の肉体の成熟の速さに不安や動揺を感じる。

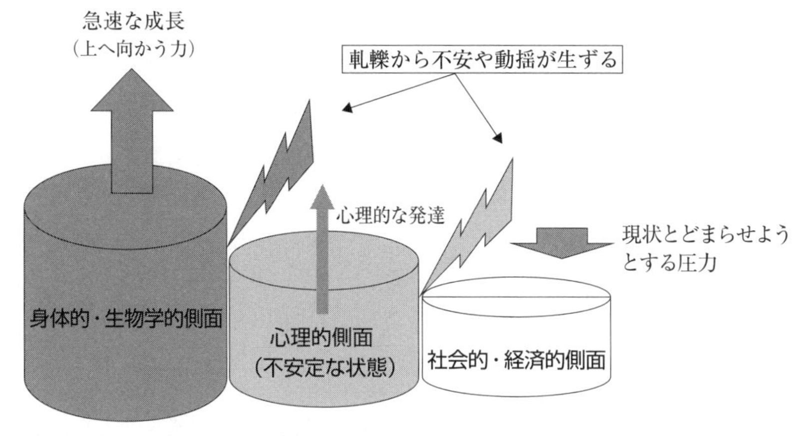

図4－1　青年期の心理的な側面の不安定さのモデル

（3）　心理的な発達に伴う不安や動揺

また，心理的側面はそれ自体で不安や動揺を作り出すこともある。

たとえば，この時期はピアジェの認知発達の理論でいう形式的操作期に達する時期でもある(p.37参照)。11，12歳以前の児童の認識や思考は具体的な事物に即して行われるものであり，そうした認知発達の段階は具体的操作期といわれる。それに対し，形式的操作期に達する思春期においては，頭の中で抽象的な論理を操作しながら思考することができるようになる。

たとえば，善悪の判断を例にとれば，具体的操作期までは目の前に起こった個々の出来事に即して相手が善意(あるいは，悪意)を持っているかということから判断していたわけだが，この時期になるとそうした具体的な出来事がなくても抽象的な思考を展開することができるようになる。つまり，人間の善意とは何か，悪意とは何かというような倫理学的な事柄を論理的に組み立てて考えることができるようになる。こうした思考が可能になると，青年は哲学や宗教，心理学などの書物を読み漁ったりすることなども増えてくる。しかし，そうした書物を少しばかり読んだだけでは人間の本質にかかわる大きな問いに対する答えは得られるはずもない。期待を膨らませて書物を手にしたのに自分の求めるものが得られないという状況は，現実と理想の間に横たわる矛盾に直面することにもなる。こうして，思春期になると，心理的側面自体もその発達によって，みずから，不安や動揺を生み出すことがある。

このように思春期の心理的側面は，不安定な状態にあるのである。

2．青年心理学の誕生

（1） 青年期の発見

このような思春期に特有の心理的な不安的な状態に注目が集まるようになったのは，人類の歴史の中ではだいぶ後の時代になってからでる。というのは，近代以前は，十代前半の子どもがこのような不安定な時期を送ることはあまりなかったからである。

たとえば，多くの文化圏では，日本の元服の儀式にのように，10代の前半で成人となる通過儀礼が行われていた。第二次性徴がはじまっていくらも経っていない十代の前半で成人として扱われ，なかには結婚することも少なくなかった。つまり，そうした時代では，心理的な側面が，それぞれ発達の進度の異なる身体的・生物学的側面と社会的・経済的側面に挟まれてよじれることがそれほどなかったのである。だから，近代以前は思春期や青年期という時期を，成人期の前に位置する発達段階として考える必要性があまりなかった。

一般に，青年期というものが明確に意識されるようになったのは18世紀のルソーからであるという。ルソー(Rousseau. J.J., 1762)は「エミール」のなかで人間の発達を5つの段階に分けているが，このうち，15歳以降に相当する4段階めを青年期と呼んでいる。ルソーはこの時期について「わたしたちは，いわば，2回この世に生まれる。1回目は存在するために，2回目は生きるために。はじめは人間に生まれ，つぎには男性か女性に生まれる。(邦訳，中巻 p. 5)」と述べている。15歳が青年期の始まりといえるかどうかなどルソーの発達段階には疑問も多いが，とにかく，そこには性を意識した心理的な存在としての人間の新しい局面が出現することが述べられている。ルソーがこのように述べた時代的な背景として藤田(1988)は「16世紀から18世紀にかけてのヨーロッパ社会は，宗教改革，市民改革，農業革命，産業革命を体験し，近代的な産業市民社会に向けて，その構造を根本的に変えつつあった。(p.154)」と述べている。また，アリエス(Ariès, P., 1960)によれば，16世紀以前のフランスでは多くの子どもが7歳から9歳ごろ親元を離れ徒弟となって職業的な修行に入るのが普通であったのに対し，このころから，上流階級の子弟を中心に十代も学校で過ごすことが増えてきたという(邦訳，p.166–167)。こうした社会的な変化の中で，心理的な側面がそれぞれ発達の進度の異なる身体的・生物学的側面と社会的・経済的側面に挟まれて不安定な状態になる青年期特有の心理的な側面が，注目されるようになったのだ。しかし，当時は，まだ，これを扱う心理学のような学問領域は成立していなかった。

(2) ホールと青年心理学の成立

思春期や青年期が心理学の研究対象として認識されるようになるのは，20世紀初頭の心理学者，ホール(Hall, G.S.)の登場を待たなければならなかった。ホールは『青年期—その心理，そして，生理学，人類が，社会学，性，犯罪，宗教，教育との関係』(1904)という著書を出した。そのなかで彼は青年期の心理が不安や動揺に満ちていることに着目し，青年期を「疾風怒濤(しっぷうどとう)の時代」と表現した。当時，アメリカでは中等教育が急速に普及しはじめていた。ハイスクールは1880年代ごろから急速に増加し，中等教育機関の在籍生徒数は1876年からの25年間でおよそ5倍に増加し，中等教育は一部の恵まれた者のためだけのものではなくなった(真野，1975)。つまり，身体的・生物学的には成人になりながら，社会的・経済的には成人になり切れず，心理的に不安定な状況にある生徒が増加していたのである。

このホールの著書に続いてさまざまな青年心理学に関する書籍が出版され，青年期や思春期の研究は心理学の研究領域として確立されるようになる。

（なお，本章では青年期は不安定な時期であるとする旧来からの見解に立って論を展開しているが，近年では青年期は必ずしも不安定ではないという見方も強い。この問題については久世(2000)の論文を参照するとよい。)

3．青年期の発達課題

(1)　発達課題とは

すでに述べたように青年期は，心理的に不安定な状態にある。もちろん，そうした不安定な状態は，青年期が終わり成人期に達するまでには順次解消されてゆく。しかし，それが解消される過程は決して平たんなものではない。青年は，紆余曲折を経ながらこの時期に特有のさまざまな課題(つまり，発達課題)を学んでゆかなくてはならない。そうした学びを通して思春期，青年期の不安定な状態は解消されてゆくのである。

思春期，青年期の発達課題については，多くの研究が行われてきた。2章で紹介したエリクソンによるアイデンティティの形成(p.43参照)も，そうした達成課題を学ぶ過程を示したものといえるだろう。

(2)　ハヴィガーストの発達課題

発達課題をはじめて体系的に記述したのは，ハヴィガースト(Havighurst, R. J.)である。このハヴィガーストの発達課題についてみていこう(表4－1)。

ハヴィガーストは青年期の発達課題を①青年期の仲間集団の発達，②独立性の発達，③人生観の発達という3つの大きな分類を設け，その下に合計10の個別の発達課題を設けている。それらをまとめれば，成人として自分の生物学的な性，性役割などを踏まえた人間関係を確立し，経済的，社会的に自分にふさわしい位置づけを獲得し，さらには，そうした社会的な状況の中で信念や倫理観をもった一人の大人としての人格を築き上げることといえるだろう。

ハヴィガーストは，こうした発達課題は3つの要因から生じるという。1つめは身体的成熟で，青年が異性に対して気に入られるようにふるまうことを学

表4－1　ハヴィガーストによる青年期の発達課題(Havighurst, 1953)

(1)青年期の仲間集団の発達 ①同年齢の男女との洗練された新しい交際を学ぶこと ②男性として，また女性としての社会的役割を学ぶこと
(2)独立性の発達 ①自分の身体の構造を理解し，身体を有効に使うこと ②両親や他の大人から情緒的に独立すること ③経済的独立について自信をもつこと ④職業を選択し準備すること ⑤結婚と家庭生活の準備をすること ⑥市民として必要な知識と態度を発達させること
(3)人生観の発達 ①社会的に責任のある行動を求め，そしてそれをなしとげること ②行動の指針としての価値や倫理の体系を学ぶこと

習することなどがそれにあたる。2つめは社会の文化的圧力から起こってくる課題で，読むことの学習や，社会的に責任のある市民として社会に参加することの学習などが該当する。3つめは「人の人格や自我をつくっている個人的価値と抱負」であるという。この3つは，本章でもしばしば取り上げている身体的・生物学的側面と社会的・経済的側面と心理的側面にほぼ対応する。この3側面が年齢とともにそれぞれに固有の原理に従い発達・成長する中で，さまざまな課題が生まれる。そうした課題が生まれるとき，3つの側面の間にはアンバランスが生じ，思春期，青年期ならではの不安定な心理的状況が生ずるのである。

ハヴィガーストは発達課題について「その課題をりっぱに成就すれば個人は幸福になり，その後の課題も成功するが，失敗すれば個人は不幸になり，社会で認められず，その後の課題の達成も困難になってくる」ものと述べている。

この考えに従えば，不安定な心理的状況と表裏一体ともいえる発達課題は，何らかの形で達成されなくてはならないものである。それに失敗することは，その後人生で不適応に陥ってしまうからである。

次に，この思春期，青年期ごろから生ずることの多くなる心理的な不適応についてみていきたい。

4. 思春期から青年期に生ずるさまざまな不適応

（1） 発達課題と不適応

ここまで見てきたように思春期，青年期は，心理的に不安や動揺に満ちた時期であり，その解消のために多くの発達課題を達成する時期でもある。

心理的な問題の解決や課題の達成は決して易しいことではない。ときには，つまずき学校生活や家庭生活のなかで不適応状態に陥ってしまう場合もある。

不適応には，大きく分けると2つのタイプがある。1つは不登校やいじめ，あるいは，暴力行為といったもので，これらは，一般的に小学校高学年から中学生・高校生に特徴的なものと考えられている。文部科学省(2017)はこれらを問題行動と呼んでいる。

もう1つは，統合失調症，うつ病といった疾患に代表されるような心の病で，こちらは，むしろ成人と共通性が高い。青年期に達すると身体的には成人となるので，医学的な領域に属する心の病については，青年も成人も同じ病名があてはまるようなケースが増えてくるのである。以下，この問題行動と心の病という2つの分類に沿って主だった不適応をみていこう。

（2） 主な問題行動

ここでは問題行動のなかでもとくに教育現場でもかかわることが多いと思われる不登校，いじめ，暴力行為についてみてゆきたい。

1） 不登校

文部科学省は，身体的理由などがないにもかかわらず欠席が年間30日を上回るケースを不登校として扱っている。以前は，身体的理由によらない年間50日以上の欠席を不登校としていたが，1991年から現在の定義に変更された。

図4－2にその数の推移を示した。1990年ごろから2000年後までは不登校は増加の一途をたどったが，2000年以降は増減を繰り返しながら横ばい状態にあ

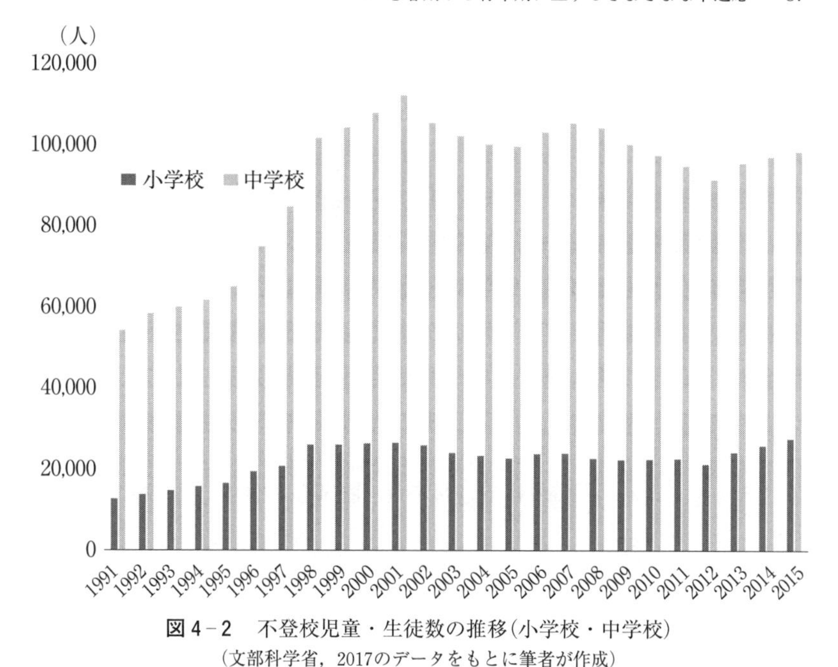

図4－2　不登校児童・生徒数の推移（小学校・中学校）
（文部科学省，2017のデータをもとに筆者が作成）

ることがわかる。不登校者数は2015年では小学校27,583，中校では98,408となっている。この数を全児童，生徒数で割った値が不登校の出現率になるが，小学校で0.4%，中学校で2.8%となっており，中学校段階で急増していることがわかる。高校生の不登校については，文部科学省は2004年度より集計結果を発表している（図4－3）。それによると，2015年度の30日以上の欠席者に占める不登校は49,591人，出現率は1.5%となっている。義務教育ではない高等学校の場合，不登校が長期に渡って続くと原級，退学になるケースも多く，2015年の調査では高等学校の不登校のうち7.7%が原級留め置き，27.2%が退学となっている。

不登校は，わが国では1960年ごろから，学校恐怖という名称で紹介されていた。やがて1970年代に入ると盛んに報告されるようになったが，当時は登校拒否と呼ばれていた。現在のように不登校という名称が定着したのは1990年代の

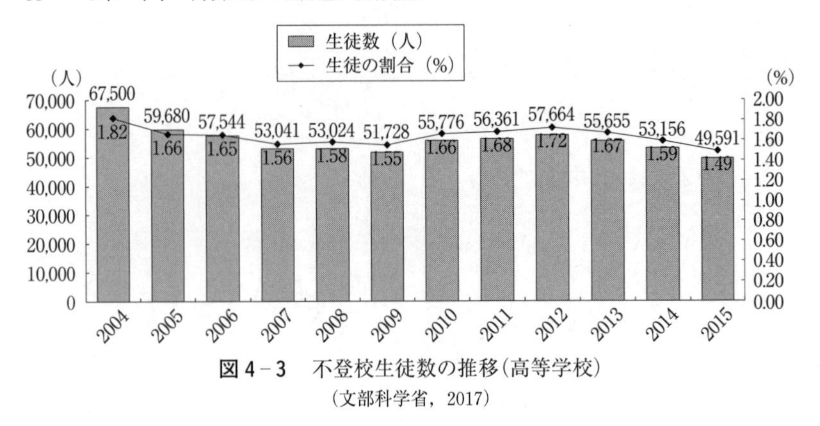

図4－3　不登校生徒数の推移(高等学校)
（文部科学省，2017）

後半ごろからである。不登校は，当初から，臨床心理学者や児童精神科医たちの関心を惹いた。彼らは，不登校を個々のケースの行動の特徴や心理的な要因やメカニズムを手がかりに理解し，分類することを盛んに試みた。

その中でもっともよく知られているのは，平井(1983)によるものだろう。平井は，心理的な要因による不登校を①慢性型と②急性型の2のタイプに分類した。

まず，①慢性型であるが，このタイプは，幼児期から意欲に欠けるケースが多い。小学校に入学してからも風邪などで休んだり，学業でつまずいたりすると，学校を休んでしまう。しかし，小学校低学年までは保護者が何とか説得しながら学校復帰をさせるなどしていることも多いようだ。しかし，この状態があまり変わらないまま思春期に至ると，だんだん不登校になる。そして，そのまま慢性化する。平井によれば，このタイプの不登校は基本的には溺愛と過保護を受けた児童が多く，友達ができにくく，教科に対する好き嫌いが激しい，偏食が著しいなどの特徴がみられるという。

また，稲村(1988)は，この慢性型とほぼ同じ症状を見せる不登校を怠学的なタイプと呼び，非進学校の生徒などに比較的多く見られると述べている。

次に，②急性型だが，平井はこのタイプの不登校を“優等生の息切れ”と表現している。このタイプの特徴は，思春期以降に突然不登校になるという点にある。このタイプの不登校のケースは，思春期以前は「まったく問題がないよい子」と評価されていた子どもが多いという。ただ，「まったく問題がないよい子」というのは表面的な評価であり，実際は，このタイプの不登校になる子どもは幼児期のいわゆる反抗期がなく，そのためによい子に見えただけなのだという。子どもは，反抗期を経験することで自主性を養っていくのだが，このタイプの不登校になる子どもは自主性が確立されないまま，保護者や教師のいうことを自分なりに考えることもなく受け容れ，そのまま思春期に至ってしまったのである。それでも，小学校までは親や教師によって敷かれたレールの上を走っていればよかったが，中学に入学するころから，自分自身で考え，決めていかなければならないことが増えてくる。ところが，自主性に欠くこうした子どもはそれができない。自分で考え，自分で決めることに強い不安を抱えてしまうのである。そのようなとき，ちょっとしたつまずきがあると不安が一気に高まり頭痛や腹痛を訴え心身症になったり，何かを恐れるなどといった恐怖症のような症状が出てくる。そして，ついには不登校になるというのである。

稲村は，この急性型の不登校を神経症的なタイプと呼び，進学校の生徒や，元来勉強に熱心であった生徒によくみられると指摘している。

こうした不登校を代表する2つのタイプのいずれについても共通するのは，自分なりに考え，自分の意志をもって何かを成し遂げていこうという心理的な強さに欠けるということである。繰り返し述べるように，不登校の急増する思春期，青年期は身体的・生物学的な側面の急速な成長と未だ子どもの状況から脱しえない社会的・経済的側面に挟まれた心理的側面が不安定になっている時期である。そのとき心理的側面の強さに欠けると，学校という外部環境に耐えられなくなって一時的に社会から身を引いてしまうことがある。それが不登校なのではないだろうか。

文部科学省は，これまでも，なぜ，不登校になったのか，どのような要因で不登校になったかを分類，区分けし，統計をとってきた。分類，区分けの仕方は幾度か変更されているが，2015年度の調査では図4－4のようになってい

まず，5つの分類の中からいずれかに分ける

つぎに，学校または家庭に関する要因のなかからいずれかの区分を選択する

大きな分類及び区分	具体的な分類及び区分
本人にかかわる要因（分類）	**学校における人間関係，あそび・非行，無気力，不安の傾向がある，その他**
学校にかかわる要因（区分）	**いじめ，いじめを除く友人関係をめぐる問題，教職員との関係をめぐる問題，学業の不振，進路にかかる不安，クラブ活動，部活動等への不適応，学校のきまり等をめぐる問題，入学，転編入学，進級時の不適応**
家庭にかかわる要因（区分）	**家庭の生活環境の急激な変化，親子関係をめぐる問題，家庭内の不和**

図4－4　不登校になるきっかけ・要因（文部科学省，2017の記述を参考に著者が作成）

る。まず，主として本人の症状を手がかりに5つの大きな分類に分ける。このうち，「無気力」は前述の慢性型（怠学的なタイプ）に，「不安の傾向がある」は急性型（神経症的なタイプ）にそれぞれ該当する。2015年度の調査では「無気力」に分類されるケースは小学校で33.7%，中学校で36.2%，「不安の傾向がある」に分類されるケースは小学校で30.2%，中学校で25.8%となっている。次に多いのは「その他」で小学校で28.4%，中学校で20.9%，「学校における人間関係」「あそび・非行」に分類されるケースはそれぞれ10%以下となっている。「その他」という分類には「無気力」と「不安の傾向がある」という分類の混合的なケースも多く含まれていると考えられるので，そうした点も加味して考えると，不登校のケースのおよそ80%近くは何らかの意味で「無気力」「不安の傾向がある」の2つの分類にあてはまる。

文部科学省は，さらにこの5つの分類の不登校が直接起こるきっかけに着目し，これらを「学校にかかわる要因」「家庭にかかわる要因」に大別し，さらにその要因を状況ごとに細かく分け，そのいずれが該当するかを選択するようになっている。これまでの不登校理解は，心理学的な要因（つまり，ここでは「本人にかかわる要因」）が重視されてきたが，現在では，外的なきっかけにも注意が払われるようになった。なお，これら「学校にかかわる要因（状況）」「家庭にかかわる要因（状況）」のうち，小学校，中学校のいずれについても，「いじめを除く友人関係をめぐる問題」はもっとも多く，「学業の不振」が次に多い。不登校になる直接のきっかけが人間関係や学業上のつまずきというあり

ふれた出来事にあることが多いのである。文部科学省(2016)は不登校について「どの児童生徒にも起こり得ることとして捉える必要がある」としているが，これもこうした状況を踏まえているものと思われる。

2) いじめ

いじめの定義であるが，いじめ防止対策推進法の施行に伴い，2013年度から以下のとおり定義されている。「いじめ」とは，「児童生徒に対して，当該児童生徒が在籍する学校に在籍している等当該児童生徒と一定の人的関係のある他の児童生徒が行う心理的又は物理的な影響を与える行為(インターネットを通じて行われるものも含む。)であって，当該行為の対象となった児童生徒が心身の苦痛を感じているもの。」とする。なお，起こった場所は学校の内外を問わない。

また，「「いじめ」の中には，犯罪行為として取り扱われるべきと認められ，早期に警察に相談することが重要なものや，児童生徒の生命，身体又は財産に重大な被害が生じるような，直ちに警察に通報することが必要なものが含まれる。」(文部科学省，2015)

2015年度，確認されているだけで全国の小学校の62.1%，中学校の71.9%，高等学校の50.5%，さらには，特別支援学校等の特殊教育諸学校の27.7%でいじめが報告(認知)されており，合計数は225,132件にも及ぶ。学年別に認知(発生)件数をみると(図4－5)，小学校では2学年でピークに達するがその後低下し，中学1年生で急増しピークをみせその後は学年があがるにつれ急減してゆく。いじめに特徴的なのはこのように中学1年生でピークを見せることである。小学校から中学校への移行は，学級担任制から教科担任制に変わることをはじめ，さまざまな環境変化がある。こういった環境の違いから不適応が増加することを中1ギャップと呼ぶが，いじめのピークもこれを反映しているものかと思われる。

いじめは，一般に想像されるような，暴力によるものはそれほど多くはない。もっとも多いものは小中高等学校を通して「冷やかし，からかい，悪口，脅しなど」によるもので6割ほどを占める。さらに，「仲間はずれ，集団によ

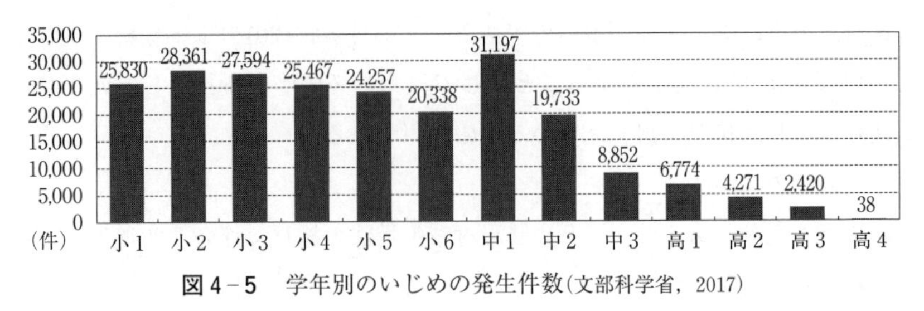

図4－5　学年別のいじめの発生件数(文部科学省，2017)

る無視などをされる」「軽くぶつかる，遊ぶふりをして叩く，蹴るなどをされる」などが続き，これらが大部分を占める。

ところで，ここ十数年，注目されるようになったのが電子メール，ライン，ツイッターなどに代表されるSNS(ソーシャルネットワーキングサービス)などを用いたいじめ(以下，ネット上のいじめ)である。これは，2007年7月に兵庫県神戸市で起こった男子高校生自殺事件が，携帯電話のメールを用いた恐喝やインターネットの掲示板への書き込みによるいじめが原因であったことが報道されてから知られるようになった。ネット上のいじめが占める割合は小学校では1.4%ほどだが，中学校では7.8%，高等学校では18.7%となっており(文部科学省，2017)，思春期以降急増することがわかる。

SNSをはじめとしたインターネットを通したコミュニケーションは，お互いの顔も見えず，声も聞こえない。そのため，お互いの非言語的な態度や声の調子なども含めて会話を組み立てていく対面でのコミュニケーションとは異なり，十分に配慮しているつもりでいても，ちょっとした発言によって相手を傷つけてしまう，つまり，加害者になってしまう。特に，精神的に不安定な状態にある思春期や青年期の段階では，そうした傾向はさらに強くなると考えたほうがよい。通常の関係ならばありえないと思われる児童生徒が，ネット上では簡単に加害者になってしまうおそれもある。また，攻撃を受ける側も同様に不安定な状態にあるから，被害はきわめて深刻なものになりやすい。さらには，インターネットは技術革新が早く，保護者や教師が児童生徒のインターネットの利用状況を十分把握しにくくいじめの早期発見，早期対応が難しい。

このようにネット上のいじめは，思春期，青年期の精神的な不安定さと絡み合い大きな問題をもたらすおそれがある。

ところで，いじめは被害者の自殺を招くなど深刻な結果をもたらす。そのため，これまでも何らかの法的な枠組みによって対応する必要性が指摘されていた。そうしたなかで，2011年に滋賀県大津市のいじめ自殺事件がきっかになり同様の事件が相次いで報告されたことを受けて，国も本格的な対策に乗り出した。そして，いじめ防止対策推進法が2013年に成立，施行された。

この法律では学校の設置者及び学校が講ずべき基本的施策として，道徳教育等の充実，いじめの早期発見のための措置や相談体制の整備，ネット上のいじめに対する対策を推進することなどを，また，国及び地方公共団体がとるべき施策として，いじめの防止等の対策に従事する人材の確保，いじめに関する調査研究の推進といったことが挙げられている。また，学校は，いじめの防止のために，教職員，心理学，福祉等の専門家その他の関係者により構成される組織を置くこと，また，個別のいじめに対して①いじめの事実確認，②いじめを受けた児童生徒その保護者に対する支援，③いじめを行った児童生徒に対する指導又はその保護者に対する助言について定めるとともに，いじめが犯罪行為と認められるときは警察と連携することなども規定された。さらに，懲戒，出席停止制度の運用などについての規定もある。その他，重大事態といえるいじめが発生した際は，それに関して学校，学校設置者(教育委員会など)は，調査を行い，さらには，その結果を被害者やその保護者に報告すること，なども盛り込まれている。

旧来，いじめ問題が深刻化するに度に文部科学省は通達などで対応してきたが，法律の制定によって国がいじめを認めないという態度を明確に示したことは画期的なことといえるだろう。

3）暴力行為

2015年，小中高等学校で発生した暴力事件の件数は56,806件(うち，小学校が17,078件，中学校が33,073件，高等学校が6,655件)で，思春期に達する中学以降急増しており，思春期，青年期の心理的側面が不安定な状態にあることと深く関係しているのではないかと思われる。

暴力行為は過去数十年にわたり，何度かピークと鎮静化を繰り返しているが，近年では2000年ごろピークを迎えた。

このときは，1998年１月，栃木県黒磯市で中学生が教師をナイフで刺殺した事件が発生したことを受けて，中高校生がナイフを持ち歩いていることなどが報道された。そして，文部大臣(当時)が緊急アピールを行い，命の重さ・大切さやナイフを持ち歩かないよう児童生徒に訴えるとともに，大人たちに子どもの声を聞き，子どもをみんなで育てていこうという強い意識を持つことを呼びかけた。このときの暴力事件に特徴的だったのは，暴力をふるう生徒が普段は特に目立たないふつうの生徒が多かったことである。彼らは，教師からちょっと注意されたといったような些細なことがきっかけになり，突然，怒り出し暴力に及んだ。そして，生徒になぜ暴力をふるったのかを尋ねると「むかついたから」いうことが多く，マスコミでは，このような「むかついたから」突然暴力を振ったという現象をとらえ“きれる”ということばで表現した。

暴力行為は，その後，スクールカウンセラーの導入をはじめとしたさまざまな対応策が功を奏し，再び，鎮静化に向かうが，2000年代半ばから増加に転じ，2009年ごろ三度目のピークを迎えた。そして，多少の増減はあるものの高い件数で推移している。また，普段は大人しい生徒が突然“きれる”ケースが多いこともあまり変わっていない。

(３)　思春期，青年期に発症する心の病

前述のように不適応を大きく分けると２つのタイプがある。すでに紹介した不登校やいじめ，あるいは，暴力行為といったものは１つめのタイプに属するもので，どちらかといえば思春期や青年期に特徴的な問題行動といわれるものである。一方，つぎに見ていくのはもうひとつのタイプ，むしろ成人と共通性が高く，心の病というべきものである。

1)　統合失調症

まず，代表的な心の病とされる統合失調症から見ていこう。

統合失調症(Schizophrenia)はふつう18歳ぐらいからか30歳ごろに発症することが一般的だが，思春期ごろから次第に発症例が増加する。

統合失調症の主症状は，物事を見たり，考えたりするときの根本的で独特なゆがみと，適切さを欠いた感情，あるいは，鈍くなった感情などに特徴づけられる。そうした特徴のために社会の中で他人と常識的で平凡な生活をすることが容易でなくなる。ただ，知的に障害があるわけでも，酩酊状態のように意識水準が低下しているわけでもない。「われわれが他人と生活するときに必要な他人との「共鳴」がうまくいかない。お互いがごく当たり前とする「常識」が人々と共有されにくくなる。自分だけの世界の中に入り込んでしまう。」(笠原，1988，p.37)というのが統合失調症である。統合失調症にはいくつかの特有の症状があるが，そのなかで一番はっきりとわかりやすいのが妄想である。妄想とは現実にはあり得ない観念のことをいうが，統合失調症の妄想は大きな不安と強い確信が伴う。「諜報工作員がいつも自分の後をつけて監視している。姿は見えないがはっきりわかる」というような訴えが典型的である。また，統合失調症では，妄想に伴って実際にない音が聞こえたりすること(幻聴)もよくある。前述のようなケースでは「諜報工作員が絶えず自分の悪口をいっているのが聞こえる」いったような主張をすることが多い。幻聴は聞こえないはずの遠いところからでも聞こえるし，その声を聞くことは強い不安を伴い，聞き流すことなどどうしてもできないような気持ちになるという。さらに，そのよう声に影響され，自分の意図していないことを考え，しているような気分になってしまう。このような状態になれば自分は病気なのではと気づいてもよさそうだが，病識に欠ける統合失調症の患者はそうした気づきがないことが多い。また，このような特徴の一方で，統合失調症では，感情が鈍くなり無気力がひどくなることもある。しかも，うつ病やそううつ病では自分の無気力な症状が非常につらいことが多いが，統合失調症の場合そうした危機感や焦燥感がない。

近年，統合失調症は，症状の比較的軽い者が増加しているといわれる。そのため，統合失調症と健常者の間に明確な線引をすることは難しく，連続的，段階的に症状が重くなっているものと考えられるようになった。現在では，健常者に近い軽いケースから統合失調症にいたる症状の段階をすべてまとめて統合失調症スペクトラム障害と呼ぶようになった。

2）躁うつ病・うつ病

以前は，うつ病と躁うつ病とを同じ分類にして気分障害と呼ぶこともあったが，現在では，うつ病と躁うつ病は別の心の病として扱われている。

まず，躁うつ病から見ていこう。その症状は躁状態とうつ状態が周期的に交互に出現することにある。躁状態とは自分のおかれた状態にそぐわないほど高揚し，愉快で高揚した気分になり，過活動，多弁となり周囲との間にトラブルを起こしたりする状態で，一方，うつ状態とは気分が落ち込み，意欲がなく，日常的な活動に興味，喜びを感じない状態である。

このように2つの極端な感情状態を行き来することから，躁うつ病は正式には双極性障害（Bipolar Disorders）といわれる。

躁うつ病には，大きく分けて2つのタイプがある。このうち，双極Ⅰ型といわれるタイプの躁うつ病では，典型的な躁状態とうつ状態がかなり明瞭に出現する。一方，双極Ⅱ型と言われるタイプでは，うつ状態は典型的に現れるが，躁状態は必ずしもはっきりと現れず，うつ状態が少し改善した程度にしかみえないとされる。躁うつ病はやはり思春期ころから発症例が増える。

つぎにうつ病についてみていく。うつ病やそれに類する疾患は，正式な診断基準では抑うつ障害（Depressive Disorders）と呼ばれている。このなかで，ふつう，うつ病と呼ばれる心の病は大うつ病性障害という。うつ病は，ほぼ1日中気分が落ち込み，興味ややる気がわかないといった症状が中心となるが，そのほか集中力の減退，不眠や過眠，食欲低下，強い疲労感，自殺について考える，自分は無価値で罪深い人間だと思うことなどといった症状のうちいくつかが伴う。

近年，うつ病（とくに症状の軽いうつ病）が増加しているとされる。さまざまな調査データなどによると，過去1年間に5％くらいの人がうつ病ないしはそれに近い症状に陥っているのではないかともいわれている。ただ，これらの人の大部分は，うつ状態に苦しみながらも通常の社会生活を続けており，こうした症状を軽症うつ病と呼ぶこともある。

一方，小学生や中学生のうつ病の増加も指摘されている。わが国で行われた調査結果の中には対象者のうち小学生の1.6%，中学生の4.6%がうつ病とみなせるとする報告もある(傳田，2007)。

こうした児童期，思春期のうつ病も基本的な症状は大人と同じだが，年齢が下のケースほどうつ的な気分をうまく言語的に表現できず，その代わり，イライラ感が強く，また，身体的な不調を訴えたりすることが多い。子どものうつ病の特徴のとして，うつ病が単独で出現するのではなく，もともと注意欠陥多動性障害(ADHD)や自閉スペクトラム症(いわゆる自閉症)(p.108参照)があり，そうした障害の特性に由来する人間関係のトラブルなどがストレスとして加わりうつ病を発症しているケースもあるという。

また，中学生・高校生より少し年齢層は上になるが，青年期から若い成人で近年増加が指摘されている新型うつ病といわれるものもある。新型うつ病の特徴として，仕事や勉強など自分の本業に対しては無気力で取り組めないものの娯楽，趣味などには特に問題もなく取り組め，また，一般的なうつ病の人に特徴的な罪悪感の強さや，自分を責めるところがないといわれる。

3)　不安やストレスと関連が深いとされる心の病

ここまで，統合失調症，そううつ病・うつ病と比較的よく知られた名称の心の病についてみてきたが，つぎに，紹介する不安やストレスと関連が深いとされる心の病という言い方は，それほど馴染みないかもしれない。しかし，以下に紹介する心の病のいくつかはきっと耳にしたことがあると思われる。

社会不安症／社交不安障害(社交恐怖)は，ふつう対人恐怖症といわれるもので，思春期・青年期に発症することが多い。主な症状は，他者の注視を浴びる可能性のある場面で極端な恐怖や不安を感じることで，「他人が自分に対して変な目つきでみている」とか「自分の目つきがきついので他人から嫌われているかもしれない」などと訴えたり，よく知らない人と会うことや，他者の前で談話することなどに極端な恐怖心を抱いたりする。中学生，高校生の不登校のなかには，社会不安症によるものもあると思われる。

パニック症／障害も比較的よく知られている。はっきりとした原因があるわけではないが，胸が痛んだり，動悸（どうき）がしたり，窒息感，めまい，あるいは現実を喪失したような感覚に，突然，しかも，激しくおそわれるのが主たる症状である。そうした症状をパニック発作というが，発作は通常前触れもなく急激に起こり，おおよそ数分でおさまる。発作の頻度は個人差があるが，１週間に１度以上発作におそわれる人も多いという。パニック障害は思春期から青年期にかけて多くが発症するが，14歳以下ではあまりないとされる。

次に強迫症／強迫性障害を紹介しよう「部屋のカギをかけ忘れてきたかもしれない」とか「この刃物があると，わたしはだれか家族を傷つけてしまうかもしれない」というような，自分にとって受け入れがたい思考がわき起こって気になって仕方ないというようなことは多くの人が体験したことがあるはずである。このような症状が繰り返し生じ，多くの時間がこのような思考を振り払うために費やされてしまい，日常生活上で大きな支障をきたすようなレベルまでに達するとこの診断がつけられる。

強迫性障害は児童生徒にも比較的よくみられる障害で，一般に12～14歳くらいから発症するケースが増加する。不潔恐怖から繰り返し手洗いをするケースなどが多い。

ここまで紹介してきた心の病は，症状の出現に何らかの不安やストレスが関与しているが，その不安やストレスの原因は必ずしも明確に特定できないものが多かった。一方，次に紹介する心的外傷後ストレス障害（Posttraumatic Stress Disorder : PTSD）は，地震，洪水といった自然災害，交通事故，戦争，テロリズムなどの通常はありえないような恐怖を伴う出来事の経験，あるいは，そうした被害者への支援の経験，性的暴力の被害などはっきりした出来事の体験によって発症する。体験した出来事が何度も目の前に再現されるように思い出されてきたり（フラッシュバック），周囲の世界が生き生きとした現実のものとして感じられなくなったり，強い不安や恐怖のために睡眠が乱されたり，集中力に欠け，怒りが抑えられなくなるといった症状が現れる。

この心の病は児童生徒にも出現する。大きな自然災害などがあるとカウンセリングの専門家が現地の学校に派遣され活動にあたっていることが報道されるが，その目的のひとつに，この心的外傷後ストレス障害に対応することがある。

4）摂食障害

次に拒食症，過食症で知られる摂食障害についてみていく。

拒食症は正式には，神経性やせ症／神経性無食欲症（Anorexia Nervosa）といわれる。この心の病は高校生くらいの年代から始まるとされ，女子に多く見られる。拒食症の主な症状は，太ること，体型が変わること，体重増加に対して過度の恐怖心をもち，極端なダイエットを行うことなどである。ただ，ケースによっては間食はするもののそれを嘔吐（おうと）したりして出してしまうことある。いずれにせよ，食べ物を摂取しないことによって正常と考えられる体重の下限を下回ってしまう場合この診断が下される。以前は，この心の病の発症には，大人として成熟することへの拒否が関係しているといわれ，それは，青年期の心理に特有な不安定さに起因するものと考えられてきた。ただ，近年は，それだけではなく遺伝的な要因の可能性も指摘されるようになっている。

この病の恐ろしいところは，症状が慢性化するにともない衰弱が進み，死亡するケースが，まれにではあるが，見られることである。また，自殺の危険も比較的高いほうだといわれる。

続いて，過食症についても見ておこう。こちらは，神経性過食症／神経性大食症（Bulimia Nervosa）といわれる。過食症の基本的な症状は，食べることを抑制できないという感覚が非常に強いということである。ストレスを感じるなど不快な気分になったあと過食をすることが多いといわれる。ただ，過食することを人から見られることは嫌がることも多い。さらに，体重増加や体型の変化に過敏な点は拒食と同じで，大量に食べた後に吐きもどしたりすることもある。そうした点では，神経性やせ症／神経性無食欲症と似た面をもっている。過食症も男子より女子が多く，自殺の危険性も比較的高いといわれる。

5）パーソナリティ障害

パーソナリティ障害（personality disorder）は，ふつう，その人が属する文化から期待されるものから著しく偏り，広汎でかつ柔軟性がなく，青年期または成人早期に始まり，長期にわたり変わることなく，苦痛または障害を引き起こす内的体験および行動の持続的様式と定義づけられる。パーソナリティ障害を有する人は社会生活のさまざまな場面で問題を起こし，周囲の人々を悩ませ，また，その人自身も悩むことも多い。多くの場合，パーソナリティ障害は，青年期に出現するとされる。

パーソナリティ障害は10のタイプがあるが，このうちよく知られているのは境界性パーソナリティ障害と自己愛性パーソナリティ障害の2つである。

境界性パーソナリティ障害は，境界例と呼ばれることもある。その特徴には，①自分は見捨てられるのではないかと絶えず心配し，それを避けようと無駄な努力をする，②対人関係が不安定でかつ激しく，ある人を神様のように尊敬したと思うと翌日は軽蔑していたりする，③自分自身の自我同一性を確立できず，たえず空虚な感じがしている，④浪費，性的放逸，薬物依存などの自分にとって破滅的な行動傾向をもつ，⑤自殺未遂を繰り返す，⑥不安，怒りなどの感情がコントロールできないうえに，数時間単位で感情状態がめまぐるしく変化する，といったものがある。このパーソナリティ障害は女性に比較的多い。

自己愛性パーソナリティ障害は，①自分の業績や才能を過度に誇張して強調する，②自分が成功したり，賞賛を浴びたりする場面を想像し，空想に浸ったりする，③自分は特別な才能の持ち主なので何をしてもよいと思い，他人に対する思いやりがなく，他人を露骨に利用する，などといった特徴を有する。こちらのパーソナリティ障害は男性に多いといわれる。

1980年代から90年代にかけてパーソナリティ障害は多くの専門家の興味を惹いた。実際にパーソナリティ障害という診断がつけられるケースも多く，また，当時は，パーソナリティ障害は独立したひとつの疾患として扱われていた。

しかし，近年では，様相は大分変化し，むしろ，パーソナリティ障害を他の心の病気との関連で考えようとする傾向が強くなっている。たとえば，境界性パーソナリティ障害や自己愛性パーソナリティ障害に見られる気分の波は双極性障害(躁うつ病)と関連が深いという議論もある(阿部，2013)。また，パーソナリティ障害の中には発達障害(p.105参照)のケースが青年期に至って不適応に陥ったものも含まれているという指摘も出てきた。このように，パーソナリティ障害をめぐっては近年状況が大きく変化している。ことによると，今後，パーソナリティ障害の診断が下される範囲も以前に比べ狭められる可能性もある。

(4) 不適応に対応するにあたって

さて，最後にここまで紹介してきたさまざまな不適応に教師としてどう対応するかについて少しだけ述べておきたいと思う。もちろん，不適応といっても学校におけるちょっとしたつまずきから深刻な心の病に至るまで，その程度も症状も多様性に富んでいる。したがって，それら多様な不適応のそれぞれ対する対応を限られた紙幅で取り上げることは難しい。そこで，以下，教師として生徒の不適応に対するときの基本となる3点だけに絞って紹介していきたい。

1) カウンセリング・マインドを誤解するな

カウンセリング・マインドということばを耳にしたことはあるだろう。これは日本の教育界でよく聞かれる和製英語だが，その意味するところは，カウンセリングの基本原則を生かし，相手を人間として尊重し受容する人間関係をつくること，相手の気持ちを肯定的に受け止めようとする態度をさす。教師は，生徒を頭ごなしにしかってはいけない，校則にしばりつけるようにして管理してはいけない，生徒の個性や自主性を受容するような態度で接しなくてはならない。それが，カウンセリングの発想を生かした学級経営であり，生徒指導であるというのだ。このようなカウンセリング・マインドの思想はクライエント中心療法のアプローチ(p.18参照)に由来するもので，わが国の教育現場では教育相談やカウンセリングを学ぶ上で，まず，身に着けるべき態度とされている。

ただ，ときどきこのカウンセリング・マインドを誤解しているケースを見かける。つまり，カウンセリング・マインドを身に着けようと心がけるあまり，無条件に甘い，やさしい先生になってしまっているのだ。このようなケースでは，教師がカウンセリング・マインドを実践しようとすればするほど，いじめや不登校をはじめさまざまな不適応が問題化し，生徒指導が難しくなってしまうのである。カウンセリングのめざすところは単に甘く，なんでも受け入れることではない。カウンセリングにおいてカウンセラーや教師が相手(クライエント)を尊重し受容するのは，クライエントが自分自身の問題に直面し自分自身でその問題に立ち向かえるように，硬直して一面的になったものの見方や感情を解きほぐすためなのである。それを理解せずにただ“やさしい先生”になればよいという訳ではない。もちろん，ちょっとした問題点を取りあげ頭ごなしにしかりつけるような生徒指導が望ましいわけではないが，生徒が自分自身の問題に直面できるのなら時には厳しい言い方をする場面もあってよいのである。

2)　専門医に必ず見せること

すでに述べたように青年期は，以前の児童期とは異なり成人にもみられる心の病が発症し始める時期でもある。ただ，現実にはそうしたケースは，いじめ，不登校などといった問題行動と比べれば多いわけではない。だから，教育現場である程度生徒指導の経験のある教師は心の病のケースをよくある問題行動と判断して，指導にあたってしまうことがある。しかし，たとえば，一見，典型的な不登校に見えるケースが実は統合失調症やうつ病の初期症状である，というようなこともないわけではない。ただそうした診断は児童精神科医のような専門的な教育，訓練を受けた者でないとなかなかできるものではない。したがって，生徒指導にあたる教師は，不適応がはっきりしてきた初期の段階で，一度，保護者等を通じて医療機関，相談機関を受診することをすすめるべきであろう。統合失調症のような心の病は決して軽く見るべきものではないが，近年は治療薬の発達によって高確率で治癒するものもある。専門医の間でも，不登校などに対応するよりも，心の病によっては，むしろ，治療法が確立されている分，対応しやすいという声もある。

3)　一人で抱え込むな

教師という職業は学級経営，学習指導，生徒指導のいずれにおいても一人で独立して判断し行動しなくてはならないことが多い。しかし，それは決して簡単なことではない。クラス担任として心理的にもアンバランスな状態にある青年期の生徒を多く抱えて一人で指導することは，責任が重大なだけに大きな負担でもある。さらに，近年はモンスターペアレントということばが表しているように保護者対応も難しくなりつつある。教師はますます孤独に追い込まれている。そのせいか，教師自身が燃え尽きてしまうケースも少なからずあるという。

2013年度に文部科学省が全国都道府県と政令指定都市の教育委員会を対象に行った調査によると，小中高等学校の教員の病気休職者は8,408人(全教員の0.91%)だが，このうち精神疾患(心の病)によるものが5,078人(全教員の0.55%)にのぼるという(文部科学省，2013)。こうした教員のメンタルヘルスの悪化の背後には，生徒の不適応，問題行動に対応することの難しさがあるように思われる。別の調査(中島，2006)の結果でも，教師の職場内ストレスの42パーセントは生徒指導によるものだった。

こうした厳しい現場の状況は，なかなか改善されそうにない。しかし，まず，最初にしなくてはならいのは，問題行動や不適応をめぐる事案を一人で抱え込まないことである。誰かに話す，相談に乗ってもらう。それができるかどうかだけでもかなりの違いがあるはずである。現在，ほとんどの学校にはスクールカウンセラーが配置されているが，スクールカウンセラーに相談してみるのも決して無駄ではない。もちろん，普段から心おきなく話ができる同僚をみつけておくことは重要なのではないかと思う。

5章 特別支援教育とカウンセリング

1.「障害」と「特別な教育的ニーズ」の考え方

子どもの中には，生まれつき，あるいは出生後の病気やけがにより障害を抱えているものもいる。日本の「障害者基本法」第2条では，「『障害者』とは，身体障害，知的障害，精神障害(発達障害を含む。)その他の心身の機能の障害(以下「障害」と総称する。)がある者であって，障害及び社会的障壁により継続的に日常生活又は社会生活に相当な制限を受ける状態にあるものをいう。」とされている。また,「学校教育法施行令」では，政令で定める視覚障害者，聴覚障害者，知的障害者，肢体不自由者又は病弱者の障害の程度として，表5−1を示している。

上で述べた「障害者基本法」は平成25(2013)年6月26日に改正されている。さまざまな改正点があったが，注目すべきは「発達障害」が障害として加えられていることである。「発達障害者支援法」によると，「『発達障害』とは，自閉症，アスペルガー症候群その他の広汎性発達障害，学習障害，注意欠陥多動性障害その他これに類する脳機能の障害であってその症状が通常低年齢において発現するものとして政令で定めるものをいう。」とされている。

発達障害は，知的発達や言語発達の著しい問題を伴わないこともあり，不適切なしつけや教育，本人の努力不足による問題と理解され，適切な支援が受けられないこともある。発達障害に関する啓発や教員向けの研修が充実してきた

表5－1　心身の障害(文部科学省，2002を改変)

区　分	障害の程度
盲　者	両眼の視力がおおむね0.3未満のもの又は視力以外の視機能障害が高度のもののうち，拡大鏡等の使用によっても通常の文字，図形等の視覚による認識が不可能又は著しく困難な程度のもの
聾(ろう)　者	両耳の聴力レベルがおおむね60デシベル以上のもののうち，補聴器等の使用によっても通常の話声を解することが不可能又は著しく困難な程度のもの
知的障害者	一　知的発達の遅滞があり，他人との意思疎通が困難で日常生活を営むのに頻繁に援助を必要とする程度のもの 二　知的発達の遅滞の程度が前号に掲げる程度に達しないもののうち，社会生活への適応が著しく困難なもの
肢体不自由者	一　肢体不自由の状態が補装具の使用によっても歩行，筆記等日常生活における基本的な動作が不可能又は困難な程度のもの 二　肢体不自由の状態が前号に掲げる程度に達しないもののうち，常時の医学的観察指導を必要とする程度のもの
病弱者	一　慢性の呼吸器疾患，腎臓疾患及び神経疾患，悪性新生物その他の疾患の状態が継続して医療又は生活規制を必要とする程度のもの 二　身体虚弱の状態が継続して生活規制を必要とする程度のもの

こともあり，以前よりは発達障害のある子どもへの理解は進んできたが，まだ十分とは言えない。

また，平成29(2017)年3月に出されたガイドライン(文部科学省：発達障害を含む障害のある幼児児童生徒に対する教育支援体制整備ガイドライン～発達障害等の可能性の段階から，教育的ニーズに気付き，支え，つなぐために～)では，「対象を，発達障害のある児童等に限定せず，障害により教育上特別の支援を必要とするすべての児童等に拡大」「対象とする学校に，幼稚園及び高等学校等も加え，進学時等における学校間での情報共有(引継ぎ)の留意事項について追記」など，さまざまな見直しが行われている。

さらに，「必ずしも，医師による障害の診断がないと特別支援教育を行えないというものではなく，児童等の教育的ニーズを踏まえ，後述の校内委員会等により「障害による困難がある」と判断された児童等に対しては，適切な指導や必要な支援を行う必要があります。」という表現もガイドラインには見られ，狭い意味での障害に該当しなくても，教育的ニーズのある子どもに必要な支援を行う重要性が述べられている。

本章では障害の中でも，通常の保育所，幼稚園，学校で保育や教育を受けることが多い発達障害のある子どもを中心に，その他の特別な教育的ニーズのある子どもの発達的特徴，問題の理解，支援について考えていきたい。

2．発達障害の理解

（1） 学習障害

1） 定義と特徴

学習障害（Learning Disabilities： LD）の定義を表5－2に示した。アメリカ精神医学会の診断及び統計マニュアルの最新版DSM-Vでは，学習障害は「限局性学習症／限局性学習障害」という診断名が使われている。

2） 学習障害のある子どもの発達

定義からも予想されるように，学習障害の問題がはっきりしてくるのは小学校に入り，きちんとした教科の学習が始まってからであることが多い。後に学習障害の問題が明らかになった子どもの乳幼児期の様子として，模様や形を理解することが苦手，道順や建物の構造をいつまでも覚えることができない，大きさや量，数の理解が苦手，ことばの発達もやや遅いという特徴が見られることがある。

小学校に入ると学習障害の問題がはっきりしてくる。入学直後から問題を示す子どもと，学習内容が難しくなる中学年ごろから問題を示す子どもとがいる。読みに関しては，文字の読みを覚えられない。読み間違いが多い。文字の区別がつかない。拾い読みで何とか読めるのだが，読むことに必死で文の内容を理解できないなどの問題を示す（読字の障害）。書きに関しては，字を書くことが覚えられない，鏡文字になってしまう，文字のバランスが極端に悪い，枠や罫線をはみ出して書いてしまう，偏（へん）と旁（つくり）が逆になってしまう，文字の一部を書き忘れてしまうなどの問題を示す（書字表出の障害）。算数に関しては，数の

表5－2　主な発達障害の定義(内閣府，2009)

自閉症の定義
自閉症とは，3歳位までに現れ①他人との社会的関係の形成の困難さ，②言葉の発達の遅れ，③興味や関心が狭く特定のものにこだわることを特徴とする行動の障害であり，中枢神経系に何らかの要因による機能不全があると推定される
高機能自閉症の定義
高機能自閉症とは，3歳位までに現れ，他人との社会的関係の形成の困難さ，言葉の発達の遅れ，興味や関心が狭く特定のものにこだわることを特徴とする行動の障害である自閉症のうち，知的発達の遅れを伴わないものをいう。また，中枢神経系に何らかの要因による機能不全があると推定される
学習障害(LD)の定義
学習障害とは，基本的には全般的な知的発達に遅れはないが，聞く，話す，読む，書く，計算する又は推論する能力のうち特定のものの習得と使用に著しい困難を示すさまざまな状態を指すものである 学習障害は，その原因として，中枢神経系に何らかの機能障害があると推定されるが，視覚障害，聴覚障害，知的障害，情緒障害などの障害や，環境的な要因が直接の原因となるものではない
注意欠陥多動性障害(ADHD)の定義
ADHDとは，年齢あるいは発達に不釣り合いな注意力，及び／又は衝動性，多動性を特徴とする行動の障害で，社会的な活動や学業の機能に支障をきたすものである また，7歳以前に現れ，その状態が継続し，中枢神経系に何らかの要因による機能不全があると推定される

※アスペルガー症候群とは，知的発達の遅れを伴わず，かつ，自閉症の特徴のうち言葉の発達の遅れを伴わないものである。なお，高機能自閉症やアスペルガー症候群は，広汎性発達障害に分類されるものである。

概念を理解できない，数を覚えられない，計算ができない，図形やグラフの理解ができないなどの問題を示す(算数の障害)。読字の障害，書字表出の障害，算数の障害は，どれか1つだけ示すこともあれば，複数の問題を持っている子どももいる。学習障害の問題が正しく理解されないと，本人の努力不足，勉強量不足が問題であるとされ，厳しくしかられたり，大量の勉強を無理やりやらされたりすることがある。また，友だちからからかわれたり，ばかにされることも多く，こうした結果，自己嫌悪に陥り，心理的問題を抱えたり，勉強に関して無気力になってしまうこともある。

中学生以降になると，学業成績や進路の問題と学習障害の問題が密接に関わってくる。この時期までに学習障害が本人や周囲の人間に正しく理解され，適切な支援を受けられていないと，大変な苦しみを抱えることになる。ペーパーテストによる成績評価や入学試験が大変な重圧となり，ストレスによる心身の不調，うつや不安障害などの症状，自暴自棄になってしまうこともある。こうしたことが，不登校や人との関わりの回避などの非社会的問題，非行や暴力行為などの反社会的問題につながることもある。

（2）注意欠陥多動性障害

1）定義と特徴

表5－2に，注意欠陥多動性障害(Attention Deficit Hyperactivity Disorders : ADHD)の定義を示した。「発達に不釣り合いな注意力」とは，注意を持続することができない，話しかけられても聞いていないことが多い，外部からの刺激によってすぐに注意をそらされる，などの症状を示す。「衝動性」は，相手の話を最後まで聞けない，順番を待つことができない，人のじゃまをしてしまう，などの症状で示される。ADHD の症状には，以下のような問題が関係していると考えられている。「多動性」は，座っていなければならない場面で席を離れてしまう，じっとしていることが苦手で走り回っている，ずっとしゃべり続けている，などの症状で示される。なお，DSM-V から「注意欠如・多動症／注意欠如・多動性障害」という訳語が使われるようになり，こちらの用語を目にすることも増えてきている。

注意力の問題としては，不注意による間違い，注意の持続が困難，聞き落とし，他のことをしてしまう，順序立てて作業をするのが苦手，整理整頓が苦手，忘れ物・なくし物が多い，気が散りやすい，やることを忘れてしまうなどの特徴がある。多動性および衝動性の問題には，手足を不必要に動かし続ける，席に座っていられずに立ち歩く，不必要に走り回る，高いところに上る，静かに遊べない，しゃべりすぎる，順番を待てない等の特徴がある。「不注意」と「多動性・衝動性」の両方が混合しているタイプ，不注意が優勢のタイプ，多動・衝動性が優勢なタイプとがある。

2）ADHD のある子どもの発達

ADHD のある子どもの乳幼児期は，集中することが苦手で，激しく動き回る傾向がある。高いところに上ったり，危険なことに興味をもったりすることもある。関心がないことはやろうとはせず，じっとしていることが苦手なため，集団活動に参加できないこともある。順番を守る，並んで待つなどが耐えられず，他の子どもとトラブルになることも少なくない。このような多動性・衝動性の問題を持っている子どもは発見されやすいが，不注意のみ優勢なタイプの子どもは，乳幼児期は発見されにくいことも多い。

ADHDの症状は，構造化された集団活動が求められる小学校のころに，よりはっきりと現れる。45分間，座って授業を受けることが苦痛で，離席してふらふらと歩き回ったり，教室を飛び出してしまったりすることもある。次の授業への切り替えが苦手で，前の授業で使ったものを机の上に出しっぱなしである，いつまでも前の時間にやっていたことをやめられない，次の授業の準備ができないなどの問題を示す子どももいる。机やロッカーの中がごちゃごちゃで，机のまわりにものが散乱してしまうこともある。忘れ物やなくし物が極端に多いこともある。教師の指示を聞き逃していることが多く，その時間に何をやるべきかわかっていないこともある。

衝動性の問題のため，カッとしやすく，ささいなことで暴力を振るってしまうこともある。好奇心が強く，危険なこと，禁じられていることをついついやってしまうこともある。注意されると，直後には反省をするが，しばらくするとまた同じことをしてしまう。このような行動は本人のだらしなさ，反抗的な態度とみなされ，厳しい叱責や行動に過度の制限を設けられることもあり，子どもにとって辛い思いをすることも少なくない。一方で，発想力のおもしろさ，行動力が人間的な魅力につながり，人気のある子どももいる。

不注意のみ優勢なタイプの子どもも，小学校入学後に学業の問題などから，教師や保護者が気になってくる場合がある。目立ったトラブルは起こさないが，よく観察すると授業内容を聞いていなかったり，教職員の指示を聞き逃していたりすることなどが明らかになってくる。

思春期，青年期になると，多動の問題はおさまってくる子どもも少なくない。長時間席に着いておくことが可能になるが，からだや手足を頻繁に揺らすことや，多弁傾向は残っていることがある。注意力，衝動性の問題も少しずつ改善されることがある。目立つ問題は改善されるが，計画を立てる，見通しを持って行動する，頭の中で複数の情報を組み立て直すといったことは，青年期の学校生活や日常生活でますます求められることである。こういったことを求められる学業や仕事上の活動は苦手であり，しばしばうまくいかず，まわりからしかられたり，ばかにされたりすることもある。こういったことが自尊心を低めてしまう。衝動性も，少しずつ改善し，ふだんはそれほど目立たなくなることもある。しかし，突発的なことや他者とのトラブルのときに感情が爆発すると制御できず，危険な行為に至ることもある。

ADHDの問題を持つ青年は，自らが他の人のようにうまく行動できないことについての自覚があることが多い。こうした劣等感と他者とのトラブルによって生じる他者不信感などが重なった場合，非社会的問題，反社会的行動問題に発展する場合もある。

（3） 自閉スペクトラム症／自閉症スペクトラム障害

1） 定義と特徴

自閉スペクトラム症とは，自閉症を中心として，高機能自閉症（アスペルガー障害）などを含む問題を示す概念である（スペクトラムとは「連続体」という意味である）。自閉スペクトラム症は，DSM-Vで使われるようになった用語であり，国内の法律や公的な文書ではまだ使われていない場合が多い。発達障害者支援法では，「自閉症，アスペルガー症候群その他の広汎性発達障害」という表現が使われている。また，文部科学省による「主な発達障害の定義について」では，「自閉症」「高機能自閉症」「アスペルガー症候群」という用語が使われている（表5-2）。DSM-Vを参考に考えると，自閉スペクトラム症は，次のような2つの特徴がある。

① 社会的コミュニケーションなどの困難さ：人との距離が近すぎる，会話が苦手，気持ちを共有することが苦手。人とのやりとりを開始したり，人からの働きかけに応じたりするたりすることが苦手。視線，身振り，表情などの使

用と理解が苦手。ごっこあそび・見立て遊びを友だちとすることが難しい。仲間に興味を持ち，友だちを作るのが苦手なこともある。

②　行動・興味・活動の限定性や反復性：同じ運動を繰り返し行う(手のひらをヒラヒラさせるなど)，ものを並べる，意味のない同じことばを繰り返す(コマーシャルのフレーズを何十回も言うなど)，相手の話したことばを繰り返す(オウム返し)。毎日かならず同じ順序で何かをしないと気が済まない。毎日同じ食べ物を食べないと気が済まない。好きなもの・趣味などについて固執が非常に強い(スプーンを手放すことができない。鉄道の図鑑が好きで他のことが全く手につかないなど)。特定の感覚について過敏すぎたり鈍感すぎたりする(特定の音がものすごく嫌い。あるものの臭いが好きすぎてずっとかいでいる。気温に関して何も感じていないなど)。

このような問題が自閉スペクトラム症の中核症状である。上記のような診断基準に加え，知的障害を伴うか，言語の障害を伴うかという情報が必要になる。知的障害と言語の障害を伴わない場合は「アスペルガー症候群」，言語の障害はあるが知的障害のない場合は「高機能自閉症」，知的障害のある場合は「自閉症」とされることがある(表5－2)。

自閉スペクトラム症の原因として，かつては親の養育態度の不適切さなどの心理的な要因が考えられていた時期があった。現在では自閉スペクトラム症は，中枢神経系の異常による発達障害であると考えられている。自閉スペクトラム症の子どもが示す特徴については，中枢神経系の問題に由来する，さまざまな認知的なメカニズムが関係しているといわれている。その中でも中核的な問題として注目されているのは，「心の理論」「心を読む力(マインドリード)」についてである。

私たちは毎日の生活の中で，人の思考や感情を推測する必要がある場面に数多く直面している。たとえば，昨日観たテレビの話を友だちとする場合も，その人がその番組を観たのか，番組内容についての知識のある人か，その話に興味をもつ人かなどを瞬時に推測して，話を調整しなければならない。そうでなければ，一方的な話になり，コミュニケーションが成立しないし，相手を不快にすることもある。

自閉スペクトラム症のある子どもは，こうした心を読む力の発達に問題があると考えられている。その結果，コミュニケーションがうまくいかない，人に対して興味がないように見える，表情の理解や表出がうまくいかない，自分に求められていることが理解できない，冗談や皮肉が理解できない，集団の中での暗黙のルールがわからない，他者の気持ちがわからないなどの問題を示すと思われる。このように人の心が読めないことは「マインド・ブラインドネス」といわれることもある(バロン–コーエン，2002)。

人の心を読むことが苦手であっても，物理的世界や数の世界の理解は，とても得意な子どももいる。そのような子どもにとっては，物を並べたり，数字を覚えたり，活字を眺めたりする方が，人と関わるよりも心安らぎ，楽しい場合もあると考えられる。

自閉スペクトラム症のある子どもの刺激に対する独特な過敏性も指摘されている。ほかの子どもが気にならないような視覚，聴覚，触覚の刺激に対して敏感なことがある。ブラインドからの木漏れ日が好き，街中での大勢の人の刺激が苦手，運動会のピストルの音を極端に怖がる，頭に触られるのを極端に嫌がる，長袖のシャツや長ズボンの感覚が苦手などである。こうした苦手な刺激が，パニックを誘発することがある。

2) 自閉スペクトラム症のある子どもの発達

自閉スペクトラム症のある乳幼児期の子どもは，視線が合いにくい，極端におとなしく，長時間独りにされても平気でいるなどの特徴を示す場合がある。コミュニケーションが苦手で，人から触られたり，話しかけられたりすることに拒否感を示す子どももいる。ことばの発達が遅く，意味のあることばがなかなか出なかったり，ことばでの指示が理解できなかったりする子どもがいる。一方で，ことばの獲得は比較的早く，難しいことばを発したり，文字や数字に早い段階から興味をもったりする子どももいる。しかし，こうした場合でもコミュニケーションの道具としてことばを用いることは苦手で，一方的にその場に関係ない話をすることが多い。物を並べたり，変わった動作を繰り返すなどのこだわりが強く，それをやめさせられるとパニックになり，泣き叫ぶ子どももいる。

児童期になると，集団行動が求められ，ほかの子どもとのコミュニケーションを求められる学校生活で，苦労することが多い。人との関わりが苦手な自閉スペクトラム症のある子どもにとって，人のたくさんいる学級の中で生活すること自体がたいへんな苦痛である。グループで調べもの，まとめ，発表をする際には，ほかの児童との細かなコミュニケーションが必要とされる。また，学校生活の中で，級友とのさまざまなもめごともあり，こうしたことの対処も必要とされる。これらの経験は，自閉スペクトラム症のある子どもにとっては，たいへんな苦痛をともない，時には恐怖でさえある。まわりの子どもも自閉症をもつ子どものことが理解できないと，大きなトラブルになってしまうこともある。一方で，本格的な教科学習も始まり，特定の教科や技能において，優れた能力を示す子どももいる。算数，理科社会の暗記，芸術の分野で驚くほどの才能が開花することもある。

青年期は，自閉スペクトラム症のある子どもにとって，さまざまな新たな問題と直面する時期である。仲間とのコミュニケーションは，より高度な能力が求められる。冗談，皮肉，ちょっとした気づかい，などがやりとりの中で多く含まれ，そうしたことを理解し，適切に表現しなければ，仲間から拒否されてしまうこともある。異性，先輩後輩，目上の人との関係など，相手との関係に合わせてコミュニケーションの仕方を修正しなければならず，自閉スペクトラム症のある子どもにとっては苦手なことが求められる。思春期に入ると，一般的にイライラしやすく，性衝動や攻撃衝動が高まりやすい。こうした変化と自閉スペクトラム症の問題が重なると，パニック，攻撃性，性への興味などが質，量ともに変化し，さまざまな問題につながることがある(藤川，2002)。一方で，知的発達にともない，それまで苦手としていた人とのつきあい方について，多少のぎこちなさはありながらも身につけていく子どももいる。学問や芸術の分野で優れた才能を開花し，活躍する子どももいる。

（4）　その他の障害や疾患

特別支援教育において発達障害が注目を集めがちであるが，保育や教育の場には，その他の障害や疾患ある子どももたくさんいる。知的障害のある子どもの場合，特に軽度であると周囲の大人が気づくことができずに，適切な配慮や支援が行われていないこともある。視覚障害，聴覚障害のある子どもも，正しい理解が行われ，ICT 機器(タブレットや PC 等)を含む支援機器の適切な活用が行われれば，さまざまな場面での社会的参加が可能になるであろう。精神疾患のある子どもについての保育，教育現場の理解もまだ十分とは言えない。不安症，抑うつ障害，食行動障害および摂食障害，睡眠－覚醒障害などのある子どもの理解については，もっと進めていく必要がある。病弱の問題を抱えている子ども，医療的ケア児の問題も注目されている。正しい理解，それを基にした配慮や支援が求められている。

3．発達障害のある子どもへの支援

（1）　支援の基本的な考え方

1）　基礎的環境整備

障害や特別な教育的ニーズのある子どもへの支援を考えるときに，まずは保育や教育の場が多様な子どもを包摂できる環境になるように整備することを考える必要がある。このような基礎的環境整備には，施設・設備の整備，専門性のある教員や支援員等の人的整備，指導・支援体制の整備，教材や指導法の整備などが含まれる。いわゆるユニバーサルデザインの考え方にも近い。文字の理解が苦手だったり，集中力や整理整頓が苦手な子どもにとっても遊具・教材がどこにあるのかわかりやすかったり，元の場所に戻しやすいように，棚の配置や表示を工夫するなどがある。教育相談の体制が整っており，スクールカウンセラーとの連携ができている。特別支援教育支援員も配置されており，学習につまずきのある子どもをすぐに支援できる体制にある等も，基礎的環境整備の例である。基礎的環境整備があれば，個々の子どもに対する合理的配慮に求められるコストも減ることになる。

2）社会的障壁の除去と合理的配慮

「社会的障壁」とは，障害のある人や子どもが日常生活・社会生活を送る上で障壁となる事物(施設・整備など)，制度(規則・ルールなど)，慣行(慣習・文化など)，観念(偏見など)を指す。「合理的配慮」とは，「障害者が他の者と平等にすべての人権及び基本的自由を享有し，又は行使することを確保するための必要かつ適当な変更及び調整であって，特定の場合において必要とされるものであり，かつ，均衡を失した又は過度の負担を課さないものをいう。」と定義されている(「障害者の差別に関する条約」)。社会的障壁を除去することが合理的配慮につながる。合理的配慮が求められたことに対して，その提供を怠ることは差別と見なされる場合がある。合理的配慮には，障害のある子どもに合わせた施設・設備の調整，ICT 機器を使った学習，メモや板書を使った指示などがある。基礎的環境整備に加えて，個々の子どもに合った合理的配慮をす

合理的配慮と基礎的環境整備の関係

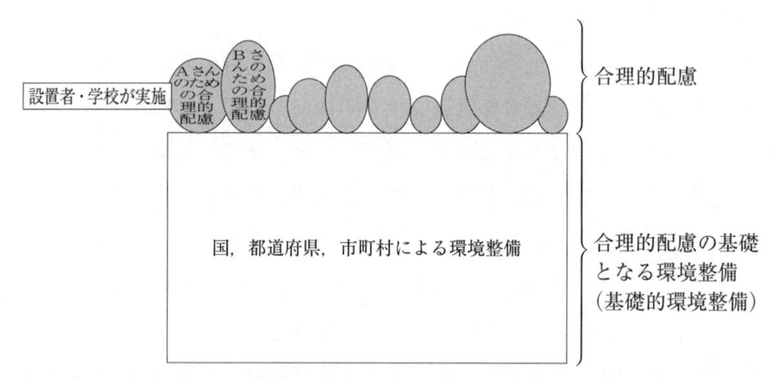

図 5－1　合理的配慮と基礎的環境整備の関係(国立特別支援教育研究所発達障害教育推進センター)

るというイメージである。

（2） 学習の問題

学業上の問題のある子どもの支援を考えるときには，どういったことが苦手で，どういったことは得意なのかについてできるだけ多くの情報を集めることが必要になる。たとえば，「聞く―音声で答える」ということは得意だが，「見る―動作(書字)で答える」ということは苦手な子どもがいる。こういった能力について細かな情報を集めることが，支援計画を立てる第一歩となる。どういった遊びや活動に興味をもっているかなどについても，十分に情報を集めておく。その際に，6章で扱われているビネー式知能検査，ウエクスラー式知能検査，K-ABC心理・教育アセスメントバッテリーなどが使われることもある。

また，苦手なことを学習させる際に，教材や教え方を工夫して，どうやって楽しく，繰り返し課題に向かわせるかが非常に重要である。小池・渡辺・雲井・上野(2002)，小池・窪島・雲井(2004)では，学習障害の問題を考慮したCD-ROM教材を用いて，時にはゲーム感覚で楽しみながら，読み書きの問題に挑めるように工夫がされている。国立特別支援教育研究所のwebページでは，市販されているさまざまな教材・教具について紹介されている。

さまざまな支援機器を用いて，苦手な部分を補うという発想も重要である。特にICT機器(タブレットやPC等)の活用は，支援機器の中でも特に重要になる。読みが苦手な子どもに，自分で教科書を読んで授業についていかせようとしてもうまくいかないことが多い。読むことがうまくいかないため，文章の内容を理解したり，物語を鑑賞することやことばを覚えたりすることまでどんどん遅れてしまう。このような場合は，誰かが教科書の内容を読んで録音したものを子どもが繰り返し聞くことが有効である。また，テキスト文書を音読してくれるソフトやアプリも比較的使いやすくなっており，そうしたものを利用することもよいだろう。NHK等の番組もインターネット上でいつでも視聴が可能になっており，これらの教材の活用も有効である。手書きが苦手な子どもについては，キーボード入力等の方が得意な場合もあり，またタブレットなどの音声入力の活用も効果的である。

学習の支援に加えて，本人の気持ちに寄り添い，自尊心の低下を防ぐようなカウンセリングも重要になる。思うように学習が進まずに，最も悔しい思い，情けない思いをしているのは障害のある本人である。理解のない周囲から，しかられたり，ばかにされたりすることも少なくない。「自分は価値のない人間だ」「自分の人生はお先真っ暗だ」と感じてしまうこともある。本人の苦手なところを受容させつつも，得意なところ，良いところ(性格，特技，興味など)にも目を向けさせ，将来に現実的な希望がもてるように支援する必要がある。

(3)　集中力・多動性・衝動性の問題

集中力・多動性・衝動性の問題がある子どもにとっては，世の中にあふれている情報を落ち着いて受け止め，じっくり考え，自分の気持ちを調整して適切な行動をすることは，たいへんな苦労を伴う作業である。情報の提示をどのようにし，声のかけ方や指示の仕方をどのようにし，行動をどのようにほめてやるかを工夫することがきわめて重要になる。

たとえば，全体に向けた指示は聞き逃していることが多いので，その後近くに寄って個別に指示をするか，補助で教室に入っている大人が個別に伝える。ことばによる指示だけでなく，ジェスチャーや板書・メモなどによる指示も併用した方がよいと考えられている。集中力が途切れ，その場ですべきことを忘れてしまうことも多いため，活動の始まり(切り替え)のとき，活動の途中，終わりに近づきそろそろ終了を予告すべきときなどの節目に意図的に声をかける必要がある。

働きかけをするときのポイントとして，普通にしているとき，うまく活動に参加しているとき，よいことをしたときなど，確実にほめることばをかける必要がある。ADHDの症状のため，一体その場で何をすればいいのか，何をすればほめられるのか，わからなくなってしまう子どもも少なくない。ほかの子どもにとっては当たり前のことであっても，正しいことをしているときには積極的にほめて，自尊心を高めると同時に，活動への取り組み方をガイドする必要がある。

「視覚化」という方法も，集中力・多動性・衝動性の問題がある子どもには有効であるとされている。朝起きてから幼稚園に行くまでにすべきことを絵つきのスケジュール表で示すことなどである。朝起きる，顔を洗う，着替える，ご飯を食べる，歯を磨く，カバンを持つ，バス停に向かうなど，こうした行動パターンをいつまでたっても覚えらない子どももいる。一連の流れを文字，イラスト，写真により視覚化し，壁に貼(は)ることで行動の手順が獲得されることもある。

集中力・多動性・衝動性の問題がある子どもは，その場で期待される行動ができない自分について十分に自覚している場合が多い。しかられることも多く，自己嫌悪感，そして自分のことは誰もわかってくれないんだ，という孤独感，他者への不信感をもっている子どもも少なくない。こういった気持ちと衝動性が結びついた場合，他者に対して攻撃的になってしまう場合もある。集中力・多動性・衝動性の問題がある子どもが感じる辛さを受容，共感的に理解し，苦しさを受け止めるカウンセリングが重要である。集中力・多動性・衝動性の問題がある子どもは，好奇心の強さ，発想の面白さ，行動力などの良い点をもっている子どもも多い。そうした良さにも着目し，苦手な部分を改善，補償する支援をするとともに，良いところをどのように伸ばし，将来の進路に結び付けていくかについても本人とともに考えていかなければならない。

（4）　社会性・コミュニケーションの問題

感覚過敏のある子どもの場合，どういった刺激が苦手で，どのようなことに恐怖心をもつのか，何にこだわりがあるのかなどをよく観察，検討することである。子どもが一般的にこうだからという先入観にとらわれず，本当にその子どもがどのような特徴をもっているかを考える必要がある。たとえば，子どもによっては聴覚的な刺激よりも視覚的刺激の方が，理解しやすいことがある。

したがって，「静かに！」と大きな声で言ってもまるで聴こえていないかのように騒ぎ続けているのに対し，紙に「しずかに」と書いて見せたり，口に指を立てるジェスチャーを見せたりすると，騒ぐのをやめて静かにできる子どももいる。

社会性・コミュニケーションの問題については，必要に応じてトレーニングなどをする必要がある。人づきあいや集団生活で必要とされる知識・技能を自然に身につけられない子どももいる。したがって，人とつきあう機会，集団参加する機会をただ増やしただけでは，問題点は改善されない。方法としては，社会的スキル訓練(ソーシャルスキルトレーニング)がある。社会的スキル訓練は，人とのつきあい方，集団生活で必要とされる技能を構造化されたトレーニングを用いて意図的に必要なスキルを学習させるものである(松尾，2000)。

トレーニングの基本的な構造は，見本を見せる，子どもが実際にしてみる，よくできたらほめる，シールをあげる，修正すべき点を指摘する，といったものである。一度にたくさんの要求をし，一気に難しいことをやらせようとせず，スモールステップで段階的に獲得させた方が効果的であると考えられている。焦らず，粘り強く必要な行動を獲得させるという態度が重要である。

社会性・コミュニケーションの問題がある子どもは，自分の人づきあいがうまくできないこと，自分だけがみんなと違うことについて自覚し，劣等感のある子どももいる。子どもの気持ちに耳を傾け，生きづらさに共感し，支えていくカウンセリング的な関わりも重要である。

(5)　心身の不調の問題

心身の不調を抱えている子どもを支援する場合，まずは不調とそれを悪化させてしまう可能性がある要因について，子ども本人や周囲の者が正しく理解することが大切になる。不調を悪化させる要因は可能な限り避けなければならない。しかし，過度に行動を制限すると，子どもは疎外感や劣等感を募らせることになる。保護者も心配のあまり，園や学校での生活に不安を覚えることもある。必要に応じて医師等とも連携し，どのような活動は避けなければならないのか，どのような活動は問題ないのかを正しく把握する必要がある。それに基づき，子どもや保護者と十分に意見交換を行い，安心しつつも，さまざまな学びができる園や学校にしていく必要がある。年齢に応じて，子ども本人が自分の健康管理，健康増進を意識できるように，保護者と連携して支援していくことも重要である。

（6） 校内体制の整備

1） 校長・園長などのリーダーシップと学校経営

校長がリーダーシップを発揮し，校内の支援体制を整え，特別支援教育を学校経営計画に明確に位置づける必要がある。現在の体制が不十分な場合は，教職員の意識改革，子どもを組織として支えるための組織改革などが求められる。障害のある子どもを含む，すべての子どもにとって適切な教育環境の整備も求められている。校内支援体制の構築には，校内委員会の設置，特別支援教育コーディネーターの指名が必要である。また，校長を中心とし，こうした校内支援体制について保護者や地域への周知も大切になる。

2） 校内委員会の役割

表5－3に校内委員会の役割を示した。校内委員会の構成員としては，校長，教頭，教務主任，生徒指導主事，通級指導教室担当教員，特殊学級担任，養護教諭，対象の児童生徒の学級担任，学年主任等，その他必要に応じて外部の関係者が考えられる。大切なことは，学校としての支援方針を決め，支援体制を作るために必要な人たちから構成することである。

3） 特別支援教育コーディネーターの役割

特別支援教育コーディネーターの役割として，まず「校内における役割」がある。それには，校内委員会のための情報の収集・準備，担任への支援，校内研修の企画・運営などがある。また，「外部の関係機関との連絡調整などの役割」もある。関係機関の情報収集・整理，専門機関等への相談をする際の情報収集と連絡調整，専門家チーム，巡回相談員との連携などがこれに該当する。さらに，「保護者に対する相談窓口」となることも重要な役割である。

表5－3　校内委員会の役割(文部科学省，2010)

○学習面や行動面で特別な教育的支援が必要な児童生徒に早期に気付く ○特別な教育的支援が必要な児童生徒の実態把握を行い，学級担任の指導への支援方策を具体化する ○保護者や関係機関と連携して，特別な教育的支援を必要とする児童生徒に対する個別の教育支援計画を作成する ○校内関係者と連携して，特別な教育的支援を必要とする児童生徒に対する個別の指導計画を作成する ○特別な教育的支援が必要な児童生徒への指導とその保護者との連携について，全教職員の共通理解を図る。また，そのための校内研修を推進する ○専門家チームに判断を求めるかどうかを検討する。なお，LD，ADHD，高機能自閉症の判断を教員が行うものではないことに十分注意すること ○保護者相談の窓口となるとともに，理解推進の中心となる

4）専門機関との連携の推進

特別支援教育を効果的に行うためには，教育，心理，医療，福祉等の外部の専門家の導入や緊密な連携が求められる。保護者等の民間の人材の活用，NPO法人との連携，大学との連携による学生ボランティアの活用，地域の特別支援学校との連携なども求められる。

4．保護者への支援

(1)　保護者支援の重要性

子どものもつ問題を正しく理解するためには，幼いころからの情報，家庭での様子についての情報が不可欠である。支援を行う際にも，保育・教育の場，支援の専門機関，そして家庭で一貫した方針，方法で子どもと関わった方がより効果的である。また，保護者は子どもが問題を抱えていることにより，身体的，精神的に疲労しやすい。保護者が身体的，精神的な不調になると，子育てに支障が出て，子どもの発達に不利益が生じることもある。

したがって，保育・教育，心理，福祉などの専門家が保護者を支援し，協力関係を形成することは重要である。しかし，保護者のおかれた状況と複雑な心境を理解していないと，こうした協力関係がうまくいかないことも少なくな

表5－4　保護者が障害に気づき受容に至るまで（文部科学省，2010）

疑念・混乱
LD，ADHD，高機能自閉症の子どもたちは，乳幼児期には育てにくかったり，逆に手間がかからなかったりする場合もありますが，通常の発達とずれを示すことがあります。幼児期には，何か気になるという思いを多くの保護者が感じるようです。落ち着きがなかったり，集団行動が取れなかったりする場合には，育て方の問題として責められる場合もあります。原因が分からないために，子どもの様子に心配を抱きつつも否認したり，混乱に陥ったりしてしまいます。
ショックと安堵
こうした葛藤の時期を経て診断を受け，LD，ADHD，高機能自閉症といった診断名が付いた時には大きなショックを受けます。一方で，育て方の問題ではなかったことが明確になったことで，多くの保護者が一瞬ほっとした気持ちになります。
努力・挑戦
そして何とか発達の遅れを取り返そうという取組が始まります。親子ともに目の前にある課題や行動等に対して一所懸命取り組みます。
障害の受容
以上のような段階を経て，子どもの状態を正面から受け入れられるようになります。目の前の課題に背伸びして取り組むのではなく，将来を見通して現実的な対処への取組を始めます。 適切に支援・療育を重ねていくと，苦手な部分を克服したり，得意な分野で補うことにより問題を克服したりして，目立たなくなるケースもあります。しかし，各種の支援や療育を重ねても，どうしても克服できない苦手な部分が残り，生涯にわたり何らかの困難を伴うケースもあります。

い。保護者が子どもの障害を受容していくプロセスは，たいへん複雑である。表5－4は，文部科学省が示した保護者が子どもの障害に気づき，受容に至るまでのプロセスである。

（2）子どもの発達と保護者の心情

1）乳幼児期

発達障害のある子どもは，生後しばらくはその問題がわかりにくいことが多い。それでも，寝つきが悪い，かんしゃくをすぐに起こすなどの特徴を示すこともある。こうしたことは，保護者にとって辛いことである。保護者自身の生活リズムが安定せず，こうした子どもの特徴が子育ての一般的な負担に加えて重く保護者にのしかかる。産後の体調不良，抑うつ気分などと重なった場合は，その苦しみは何倍にも膨らむ。

生後1年ほどたち，子どもが自力で歩行できるようになると，安全面の問題も生じてくる。子どもが集中力・多動性・衝動性の問題がある場合，ちょっと目を離すとどこへ行ってしまうかわからず，また危険なことを次々と行ってしまうことがある。また，学習能力，集中力・行動制御，社会性の問題もあるため，何度厳しくしかっても，同じことを繰り返し，危険なことや他者に迷惑をかけることをやめないことも多い。結果的に保護者も感情的にならざるを得ず，落ち着いて対応することができない。そうしたことが子どものパニックを誘発してしまい，ますます保護者のいらだち，肉体的，精神的疲労を増加させるという悪循環に陥ってしまう。明らかな知的障害や運動障害をともなっていない場合は，この時期に発達障害がきちんと診断されることは少ない。したがって，子どもが期待されるように育たないのは「保護者のしつけが悪いからではないか」という指摘が，祖父母，親戚，近隣の人，保育・教育関係者からなされる場合もある。そうした周囲からのプレッシャー，罪責感，疲労感などが重なり，保護者がますます追い込まれ，保護者にとっても，子どもにとっても辛い日々が続くこともある。

他の子どもとの発達の差がより明確になってくる小学校入学前後に初めて専門機関を訪れる保護者も多い。訪れた専門機関で，発達障害の診断がなされ，関わり方について適切なアドバイスを受けることにより，保護者の心配や不安が軽減されることもある。今まで，「どうしてうまくいかないのだろうか」「何となくほかの子どもとは違うような気がする」と思いつつも，空回りしていた保護者の思いが，「診断をうけてほっとした」「やるべきこと，努力の方向が整理された」という感想も聞かれる。

小学校への就学指導の際に，不快な思いをする保護者も少なくない。「通常学級へ進むのは無理」「通常学級を選ぶのは自由ですが，そのかわり特別な支援はいっさい受けられません」などの発言により，怒りを感じる保護者も少なくない。多様な子どもを包摂する魅力ある学校づくり，インクルーシブ教育の理念，障害者差別解消法，社会的障壁の除去，合理的配慮などの理解がすべての学校で進み，障害のある子どもを適切に迎え入れられる学校づくりが求められる。

2）児童期

教科等の学習が始まり，一定時間椅子に座ることや集団行動が求められる小学校生活は，発達障害のある子どもにとっても，その保護者にとっても新たな苦しさを感じる時期である。学校でトラブルがあった場合，教員は家庭に連絡せざるを得ない。しかし，あまりに問題が続き，学校からの連絡が頻繁になると，保護者にとっては自分が責められているような気持ちになり，罪責感や精神的なダメージから学校とのコミュニケーションが苦痛になり，ついつい学校と疎遠になってしまうこともある。こうした心情と，教職員の不適切な言動が重なった場合，学校に対して強い拒否感，怒りを感じることも少なくない。

学級全体が落ち着かない場合，その原因を「お宅のお子さんがかき乱している」という指摘をほかの保護者からされ，責められることもある。障害のことをほかの保護者に話し，理解を求めるかについてもたいへんな決断がいる。障害のことを告げた方が，子どもの問題を理解してもらえる可能性もあるが，さまざまな偏見から，かえって白い目で見られないかという不安も強い。

3）思春期・青年期

子どもが思春期になるころには問題が改善する部分もあるが，反抗期，性的関心，進路の問題などの新たな問題に保護者が苦しむこともある。自立心が高まり，保護者からの干渉を嫌がり，自分でいろいろなことを決め，やりたいという気持ちが高まる年ごろである。しかし，発達障害のために，判断や自己制御が不十分なことも多く，保護者としては何かと口出し，手出ししたくなることも多い。そうした干渉を嫌がる子どもとの間に衝突が起こってしまうこともある。また，個人差も大きいが，性に関する興味，恋愛に関する興味も高まることもある。衝動性，コミュニケーションの問題を抱えている子どもにとっては，性の問題，恋愛関係の問題がこじれてしまうこともある。保護者にとっても，性や恋愛関係の問題は対応しづらいことも多い。進路の問題も，子ども本人にも，保護者にも重くのしかかる問題である。どういったタイプの学校が子どもに合っているのか，義務教育終了後はどういった進路を選択させることが，子どもの社会的自立につながるのかなど，悩みごとはつきない。

（3） 多角的な保護者支援

1） 支援の基本的な考え方

発達障害のある子どもの保護者を支援するためには，以下に述べるカウンセリング，コンサルテーション，コーディネーションの3つの関わりができることが重要である。さまざまな研修を積み，多方面から保護者を支える力を伸ばしていく必要がある。

図5－2と5－3に発達障害のある子ども，保護者，教師との関係を示した。三者が対立してしまう図5－2のような関係は避けるべきである。図5－3のように，三者が協力して障害と向かい合うような関係を形成できることが理想的である。

2） カウンセリング

保護者の苦しみ，悩み自体に焦点を当て，そうした心情に寄り添い，共感し，和らげる関わり。保護者は，子どものことでたいへんな苦しみを感じていても，なかなか誰にでもそうした心情を話せるわけではない。発達障害のことを正しく理解していないほかの保護者，親族，知人に話しても，その辛さがわかってもらえないだけでなく，「弱音を吐かずに，とにかく親ががんばらなければならない」と繰り返し言われることもある。その結果，徐々に自分の苦しみを人に語ることをやめ，気持ちを押し殺したままずっと気を張って生きてい

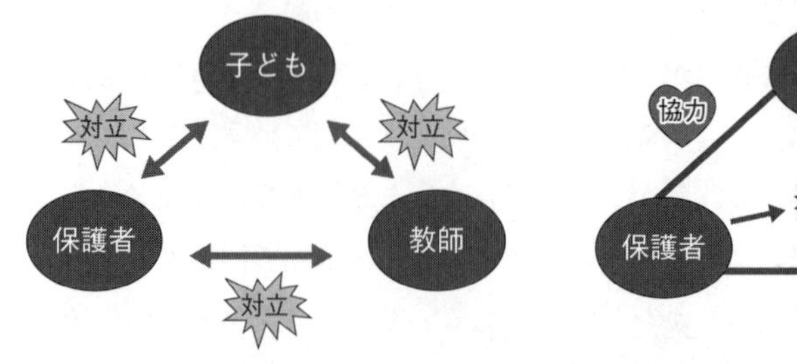

図5－2　子ども・保護者・教師の対立

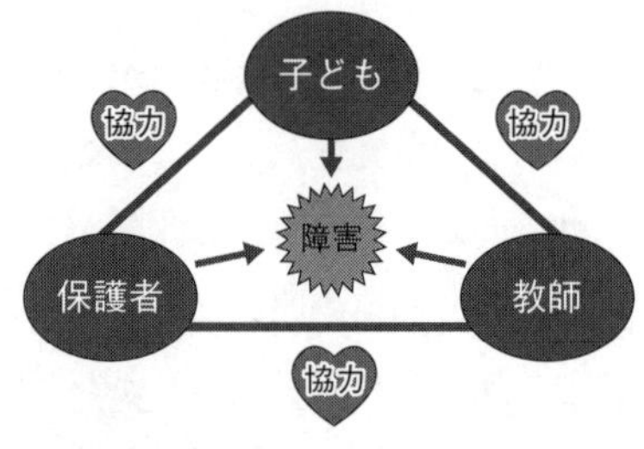

図5－3　子ども・保護者・教師の協力

る保護者もいる。そのような保護者に対して，たんなる同情でなく，発達障害のある子どもと関わることの負担を正しく理解し，受容，共感することがきわめて重要である。

3）コンサルテーション

発達障害のある子どもについて，具体的な理解の仕方，対応の仕方，予後などについて情報提供と助言を求めている保護者は非常に多い。漠然とした助言，不正確な知識に基づく助言は，保護者を惑わせ，時には保護者の怒りを誘発することもある。保護者のすでに持っている情報，知識を確認しながら，わかりやすいことばでコンサルテーションを行う必要がある(岩坂・中田・井潤，2004)。

4）コーディネーション

発達障害のある子どもを支援する際には，心理，保育・教育，医療，福祉などのさまざまな専門分野からの協力が必要である。こうした多くの専門機関からの支援を保護者自身がすべて理解し，関係を形成することは困難であり，負担でもある。専門家は，保護者に多方面からの支援の必要性を説明するとともに，関係機関の紹介，役割調整などのコーディネーションを行うことも重要である。自治体によって特別支援教育，発達障害のある子どもへの支援のシステムは大きく異なる。自分の関わる地域の，最新の支援体制について，できるだけ情報を集めておくことがコーディネーションのためには欠かせない。

6章 アセスメントとその活用

図６－１ａと図６－１ｂは緘黙症の女児(小学校３年生)が描いた木の絵である。図６－１ａを描いた後に６ヵ月間の心理療法を経て，図６－１ｂが描かれた。この２枚の絵から何が感じとれるだろうか。

図６－１ａでは，木が手を広げた人の形をして紙の真ん中に小さく描かれているが，図６－１ｂでは紙面一杯に堂々と描かれている。最初は治療者の前で緊張して身動きもできなかったのに，６ヵ月後は治療者と遊び，時々ふざけることができるようになっていた。これは心理療法を経て心理的行動的な変化が生じたものと考えられる。

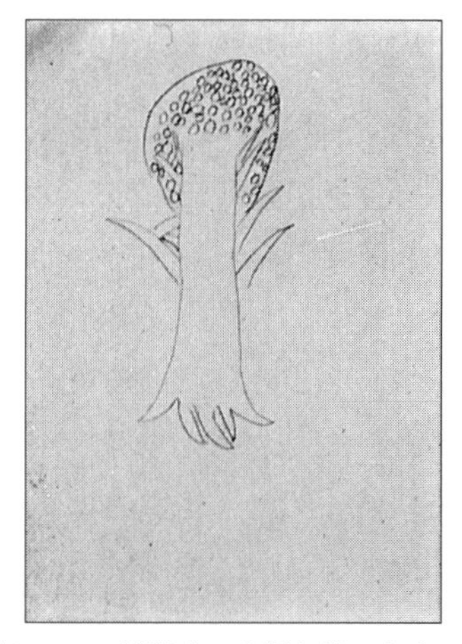

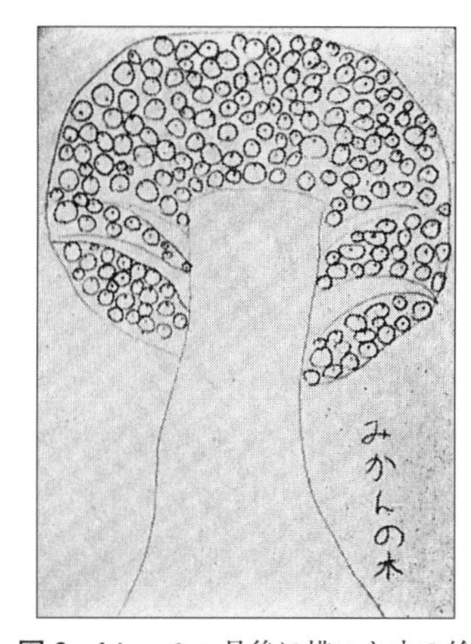

図６－１ａ　緘黙症の女児が描いた木の絵 ➡ **図６－１ｂ**　６ヵ月後に描いた木の絵

(西村，1969)

図6－1a，図6－1bはバウム・テスト(表6－6参照)の例ではあるが，テストの解釈について知識がなくても，“勘”の良い人ならば一目見ただけで描いた人の性格や行動を推側できるであろう。子どもの発達に関わる者として「何か変だな，一般的な発達の姿とは少し違う」という直感は大切である。むしろ心理テストをしなくても微妙な子どもの状態を正確に把握し，将来の姿を見通せるようになってほしいものである。

ただし，直感には主観が混在し，さまざまな要因によって正確な情報がゆがめられて認識されやすい。たとえば，服装や身なりがよいと品行方正に思いやすいように，第一印象には思いこみや誤解が生じやすい。特に心理面は目に見えない部分である。それを正確にかつ適切に測るのはたいへんなことである。そこで本章では，的確に心理や行動を測定するためのアセスメントについて論じることにする。

1．アセスメントとは何か

(1)　心理測定と心理アセスメント

心理測定(psychological measurement)と並んで心理アセスメント(psychological assessment)ということばがよく用いられ，しばしば同じ意味をもつことばとして取り扱われることがあるが，多少ニュアンスが異なっている。「心理測定」とは，知能・性格・発達などの心理的な側面について尺度(テスト)を用いて量を測り結果を数値的に表すことをいう。それに対して「心理アセスメント」は，対象について単にテストを行うだけでなく，多くの方法を用いて多面的に情報を得て総合的に評価を行い，対象の特性を推定したり対象の行動を予測したりすることを指している。測定された結果をもとに一定の基準に従って価値判断をすることを評価(evaluation)と定義できるので，アセスメントとは測定と評価の両方の過程をも含めた包括的な概念である。たとえば，知能テストを行ったところ〈知能指数が130だった〉というのは「測定」であり，測定の結果から〈知能がすぐれている〉と判断するのが「評価」であり，この測定と評価に，興味関心や意欲などを加味して学業成績の伸びの程度などを予測することを「アセスメント」というのである。

（2） 的確なアセスメントをするために

心理アセスメントは専門家によって行われるものであるが，使用されるテストは適切で正確なものでなければならない。基本的には，心理テストが妥当性(validity)と信頼性(reliablity)を兼ね備えていなければならない。

「妥当性」とは，テストが測定しようとする概念や特性などを適切に測定している程度である。妥当性の指標の主なものに，①基準関連妥当性，②内容妥当性，③構成概念妥当性の3種類がある。

「信頼性」とはテスト結果の正確性を示すもので，いわば結果の安定性や一貫性を示す概念である。たとえば，同じ人が，日を変えたり場所を変えたりしてテストされても，テスターや採点者が代わっても，同じような結果が得られることである。信頼性を検討する主な方法として，①再検査法，②平行検査法，③折半法がある。

2．アセスメントの種類

（1） 行動観察によるアセスメント

人の表面に現れた行動を観察して記録することを「行動観察」という。言語発達が未熟で自分の気持ちをことばで表現しにくい乳幼児は，他者からどのように見られるかという意識も低いために，気持ちが行動となって現われやすい。また，大人であっても，嘘をついていると態度がぎこちなくなるなど心情はある程度は行動として表出するものである。したがって，行動観察は人の性格や行動特徴を測定し評価する基礎的な方法である。特に，低年齢の子どもは慣れていない検査場面では緊張しやすいため，日常的な場面で子どもの行為や行動を観察する「自然観察法」は，子どもの本当の姿を知る最良な方法といえる。

表6－1は，保育所や幼稚園での「気になる子」についての行動の確認リストの例である。当てはまる場合は□にチェックして，日付を書いて経過を追って確認するようになっている。具体的状況も記載して，詳しい内容がわかるようになっている。

表6－1　気になる行動確認リスト(保育所・幼稚園)

＊日付を記入して経過観察，当てはまる行動を☑する

		確認項目	気になる行動	回数	1回目	2回目	3回目	具体的状況
				日付	／	／	／	
				確認者				
ことば	1	物の用途	1)靴ってなにするものかな？ 2)帽子ってなにするものかな？ 3)お箸ってなにするものかな？ 4)本ってなにするものかな？ 5)時計ってなにするものかな？ 【確認の質問】 物の用途や目的を正しく伝えられるかどうかを確認する。質問は「靴ってなあに？」「靴を知ってるでしょう。靴って何かなあ」などと変えてもよいが，答えを暗示する質問はしない。		□ □ □ □ □	□ □ □ □ □	□ □ □ □ □	
ことば	2	比較概念	6)ゾウさんは大きい，アリさんは？ 7)お湯は熱い，氷は？ 8)夏は暑い，冬は？ 9)石は固い，タオルは？ 【確認の質問】 前の言葉との比較概念を答えられるかどうかを確認する。		□ □ □ □	□ □ □ □	□ □ □ □	
コミュニケーション	3	会話の成立	10)会話が一方的。 11)自分の興味のあることだけを延々と話す。 12)質問にオウム返しで答える。 13)突然，関係のないことを話し始める。		□ □ □ □	□ □ □ □	□ □ □ □	
コミュニケーション	4	指示の理解	14)一斉に出した指示が理解できない。 15)個別に出した指示が理解できない。 16)先生の言うことを聞いてはいるが理解できない。 17)先生の言うことを理解しているが実行しない。		□ □ □ □	□ □ □ □	□ □ □ □	
コミュニケーション	5	独特な表現	18)親や友だちに対していねいな言葉(敬語)を使う。 (例)親や友だちに対して遊びの場面で「うるさいです。もう少し静かにして下さい。」など 19)一般的ではない言い回しや大人びた難しい表現を使う。 (例)「大きな音はしみるから痛くて仕方がないんだ」などの独特な言い回しや「タイヤが“磨耗”して壊れちゃった」「この前“婚礼会場”(結婚式)に行ってきたよ」などの難しい表現など。		□ □	□ □	□ □	

			20)単調な抑揚のない声や，妙に高い声で話す。	☐	☐	☐	
社会性	6	ルールの理解	21)友だちとルールのある遊びができない。	☐	☐	☐	
			22)きまりごとを繰り返し教えても守れない。	☐	☐	☐	
			23)明らかに危険なことに対して恐怖心を抱かない。	☐	☐	☐	
			24)ごっこ遊びができない。	☐	☐	☐	
	7	自分だけの遊び	25)一人遊びを好む。	☐	☐	☐	
			26)他の子どもたちの中に入れない。	☐	☐	☐	
			27)奇妙な遊びに没頭する。	☐	☐	☐	
			28)独り言がある。	☐	☐	☐	
			29)手をひらひらさせる，ぐるぐる回る，体を揺する，つま先立ちで歩く，などの奇妙な行動を繰り返す。	☐	☐	☐	
	8	興味関心の共有	30)他の人達に自分が興味のある物を見せる，持って来る，指差すなどをしない。	☐	☐	☐	
			31)こちらが愛情を示しても反応しない。	☐	☐	☐	
			32)目と目を合わせることができない。	☐	☐	☐	
こだわり	9	不慣れな活動への参加	33)慣れない場所に行くと，不安を示したり，中に入れないことがある。	☐	☐	☐	
			34)入園式，運動会，遠足等の行事にスムーズに参加できない。	☐	☐	☐	
			35)急な日程の変更や，急な環境の変化を極端に嫌がる。あるいはパニックになる。	☐	☐	☐	
	10	独特な方法	36)おもちゃの車など，物をきちんと一直線に並べずにはいられない。	☐	☐	☐	
			37)パターン化された生活にこだわる(物の位置，食事，服装，通園路など)。	☐	☐	☐	
			38)同じテーマについてしつこく質問したり話したりする。	☐	☐	☐	
			39)特定の物に執着があり，それがないと落ち着かない。	☐	☐	☐	
	11	興味のかたより	40)文字，数字，商標など機械的でパターン的なものに関心を示す。	☐	☐	☐	
			41)図鑑やカタログ，ロゴなどを非常に好む。	☐	☐	☐	
			42)興味のあることに関して，飛び抜けて高い能力を示す(記憶力，計算力など)。	☐	☐	☐	
			43)特定の絵本やビデオの場面を，極端に怖がったり，逆に好んだりする。	☐	☐	☐	
	12	かんしゃくやパニック	44)気に入らないことがあると，パニックになり，なかなか気が静まらない。	☐	☐	☐	
			45)理由はわからないが，パニックになることがある。	☐	☐	☐	
多動性・衝動	13	落ち着き	46)過度に走り回ったり，周囲の者に登ったり，あっちこっち動き回る。	☐	☐	☐	
			47) 1か所にいることができるが，手足や体をモゾモゾしたり，クネクネしたりする。	☐	☐	☐	
	14	おしゃべり	48)おしゃべりが抑えられない。	☐	☐	☐	
			49)自分の言いたいことを，相手の様子に構わず話しかける。	☐	☐	☐	

	15	順番	50）遊びの順番が守れない。	□	□	□	
不注意	16	物への集中	51）課題を集中し続けることが困難である。	□	□	□	
			52）遊びが次から次へと変わる。	□	□	□	
			53）気が散りやすい。	□	□	□	
			54）しばしばうわの空で，ボーっとしていることがある。	□	□	□	
	17	人の話への注意	55）言いたいことを一方的に話し，話題が飛ぶ。	□	□	□	
			56）直接な話しかけられた時に，しばしば聞いていないように見える。	□	□	□	
			57）言われたことをすぐに忘れる。	□	□	□	
感覚過敏	18	偏食や刺激への敏感さ	58）偏食が激しい。	□	□	□	
			59）光や視覚刺激に過敏である。 （例）人やテレビを見るときに横目で見る。	□	□	□	
			60）音に過敏である。 （例）赤ちゃんの泣き声を恐がる。風が吹く音でパニックになる。	□	□	□	
			61）抱っこされたり，触られるのをいやがる。				
			62）匂いに敏感である。				
協調運動	19	器用さ	63）ボールを片手で投げられない。	□	□	□	
			64）ボールを蹴ることができない。	□	□	□	
			65）転びやすい。	□	□	□	
			66）お箸を使わせようとしてもうまくいかない（嫌がる）。	□	□	□	
			67）お遊戯や体操が苦手でぎこちない。	□	□	□	
			68）はさみ・のりのしようがぎこちない。	□	□	□	

〈保育所・幼稚園での対応〉

年月日・時間	対 応 経 過

（茨城県保健福祉部子ども家庭課，2011を参考に筆者が改変）

（2）　面接によるアセスメント

「面接法」とは，子どもと直接会って話をすることで，その子どもの特質やもっている問題を理解する方法である。この方法では，子どもの表情や態度なども観察することができ，対象児への理解が深められる。観察や心理検査によって得られた知識を具体的に確かめたり，対象児の問題や障害の原因を探ったり(「診断的面接」)するときに有効である。もちろん，養育者，保育者，教師などのその子どもをよく知る身近な人と面接して情報を得ることも，アセスメントには重要なことである。表6－2に面接で収集する情報の一覧を示したが，表6－1の「対応経過」に面接経過を記入すると，行動観察の内容と共に状況が把握しやすくなる。ただし，面接法は言語表現が不十分な小学校低学年以下の子どもには不適切である。さらに，対象児との間には常に信頼関係(ラポール)を形成し，面接者の主観が解釈に混入しないように留意しなければならない。

表6－2　面接で収集する情報(国立特殊教育総合研究所，2006を一部改変)

項目	内容
1．主要症状と現病歴	・症状出現時の状況 ・症状に対する子どもの親の態度 ・症状が増悪したり軽減する状況 ・今までに受けた治療 ・子ども，親ならびに周囲の人が症状をどう理解しているか
2．既往歴・発達歴	・周産期の状況 ・幼児期の問題，健診における問題 ・発達歴 ・内科的既往歴 ・精神科的既往歴 ・予防接種や歯科検診などの保健活動への参加 ・小学校入学後の成長曲線
3．家　族　歴	・身体疾患 ・精神疾患 ・親の生育歴
4．養　育　者	・乳幼児期の主たる養育者と育児に対する考え方 ・現在の主たる養育者と育児に対する考え方
5．保育園，幼稚園，学校ならびにその他の集団での様子	・就園，就学時の様子(登園しぶり，母子分離不安など) ・友達関係(いじめ，いじめられ体験の有無など) ・学業成績(科目別もしくは分野別の差など) ・課外活動 ・遊びの様子
6．心理社会的問題	・家族関係 ・家庭の社会的，経済的問題 ・ライフイベント ・その他のストレス要因

（3）　心理検査を用いたアセスメント

1）　発達検査

「発達検査」とは，子どもの全体的な発達を幅広く見るための検査であり，発達状態を詳しく記述したり，発達遅滞児や障害児を発見(スクリーニング)したりするために用いられる。子どもの保育や教育の方針を探るための資料として，教育・医療機関で広く使用されている。ただし，発達遅滞児や障害児に関して発達検査はある程度予測力をもつことがわかっているが，健康な子どもの発達は予測しにくいといわれる。その理由の１つとして，乳児期は姿勢運動能力や感覚運動能力を中心に，幼児期以降は言語能力を中心に測定され，これらが発達の単一の尺度上にあるとみなされていることが挙げられる。つまり，運動発達が進んでいる子どもが，将来，言語発達まで進むとは限らないのである。

次に，主な発達検査について述べる。

新版Ｋ式発達検査法2001　　新生児期から成人までを対象とする。検査をした時点での発達状態を把握することを目的としている。検査項目は姿勢・運動領域，認知・適応領域，言語・社会領域の３領域からなり，全身の粗大運動，手指の微細運動，認知，言語能力などが含まれる(図６−２参照)。行動項目は，その年齢の健常な子どもの50%程度ができる年齢に配当されている。したがって，各領域および３領域を合わせた全領域において発達年齢(DA : developmental age)が示され，検査された子どもが普通の健康的な子どもとするならば何歳程度の発達をしているかが示される。

また，次の式を用いて発達指数(DQ : developmental quotient)を算出することができ，実際の年齢に対する発達年齢の比率を知ることができる。発達年齢が生活年齢と同じならばDQは100になり，生活年齢を上回っていればDQは

$$\text{発達指数(DQ)} = \frac{\text{発達年齢}}{\text{生活年齢}} \times 100$$

100よりも大きく，下回っていれば100未満になる。

乳幼児精神発達診断法　母親の育児日誌や幼稚園での観察記録をもとに行動項目が作成されている。0～3歳児向けは運動，探索・操作，社会，食事・排泄・生活習慣，理解・言語の領域からなり，3～7歳児向けは，運動，探索，社会，生活習慣，言語の領域からなる。養育者に質問して子どもの発達に関する情報を収集するので，検査時の子どもの体調や気分などに影響されることがことがなく，子どもの日常的な様子を知ることができる。ただし，養育者が子どもの行動を見落としていたり，実際よりも過大あるいは過小に評価していたりすることがあるので，その点の注意が必要となる。

例：乳幼児精神発達診断法の項目（生活習慣）
36ヵ月；夜中に“おしっこ”にいきたくなると母を呼ぶ。
48ヵ月；寝るとき部屋が暗くなっても泣かない。
54ヵ月；ひとりで寝にいく。
84ヵ月；床にはいる前に自分から便所にいき，歯をみがく。

日本版デンバー式発達スクリーニング検査　発達で気になる子どもをスクリーニングする検査である。誕生から満6歳までの子どもにみられる行動項目が，個人―社会，微細運動―適応，言語，全体運動の4領域に分けて検査用紙に配列されている。各行動項目は，その年齢の子どもの90%ができる年齢に配当されている（図6－3）。つまり，同じ年齢の大部分の子どもがすでにできているのに，いまだできていないということで「遅れ」があると判断されるのである。そして，「遅れ」の項目が領域別にいくつあるかによって「異常」「疑問」「不能」「正常」の4つに分類される。

乳幼児発達スケール（KIDS）　面接者が母親などの主たる養育者に質問したり，養育者自身や保育士・幼稚園教諭などが直接記入したりするスクリーニング検査。

面接者は，心理・教育・保育などの専門家である。タイプA（0歳1ヵ月～0歳11ヵ月児用），タイプB（1歳0ヵ月～2歳11ヵ月児用），タイプC（3歳0ヵ月～6歳11ヵ月児用　就学児を除く），タイプT（0歳1ヵ月～6歳11ヵ月児

新版K式発達検査2001 (2002.3.30)

姓名	金子功一		㊚ 女
所属		検査者	
開始　時　分		終了　時　分	
検査日 2007年7月1日		8948日	
生年月日 2006年9月27日		8671日	
概算　年　月　日		精密 277日	
生活年齢　年　月		換算　月	
生活年齢終末修正		年　月	
領域別	得点	発達年齢	発達指数
姿勢・運動 P-M	39	297	107
認知・適応 C-A	63	293	107
言語・社会 L-S	17	276	100
三領域合計	119	(P-M)+(C-A)+(L-S)	
全領域	119	292	105

生活年齢↓（0:9超～0:10）　通過　不通過

領域	順序	分類	0:6超～0:7 (184～213日)	0:7超～0:8 (214～244日)	0:8超～0:9 (245～274日)	0:9超～0:10 (275～304日)	0:10超～0:11 (305～335日)	0:11超～1:0 (336～365日)
姿勢・運動 (P-M)	1	仰臥位	＋ 足を口へ U8c					
	5	引き起し						
	6	座位		＋ 腹臥になる I14				
			身体を起す I13	＋ 横や後ろ取れる I11b				
	17	立位	脚ではねる T2	＋ つかまらせ立ち T4	＋ 片手立ち 玩具 T5	＋ つかまり立ち上がる T6	つたい歩き T8	一人立ち T11
			両手支持で立つ T3		＋ 座る T7		這い登る T15	
						− 支え歩き 両手 T9		支え歩き 片手 T10
	18	腹臥位懸垂						
		腹臥位	＋ 方向転換 R17		＋ 座位となる R19			
			＋ 手で頭の布を除く R16					
				＋ 腹這い前進 R17b	＋ 四つ這い R18			
認知・適応 (C-A)	1	仰臥位 仰臥位						
	2	吊り輪	片手を近寄せる U22					
	3	ガラガラ						
	4	鐘鳴らし						
	7	積木		＋ 持ちかえ P7		− 積木と積木 P12		
			第3提示 落とさぬ P10		＋ 第2積木を叩く P11			
			拇指先把握 P5			＋ 積木を置く P14		積もうとする P19
	8	山積木 座位	両手に持つ P17			＋ 順に遊ぶ P18		
	9	積木とコップ	コップに触る P31		＋ 中の積木に触れる P32	＋ コップの上に示す P34	− コップに入れる例後P35	コップに入れる例前P36
					＋ 中の積木を出す P33			
	10	小鈴	拇指側かき寄せ P39	＋ 示指を近づける P45				
			持ち上げる P41	＋ 鋏状把握 試みる P40	＋ 鋏状把握 P42	＋ 釘抜状把握不完全 P43		釘抜状把握 P44
	11	小鈴と瓶		＋ 小鈴に手を出す P47	− 小鈴を取る P48			
						− 入れようとする P49	瓶に入れる 例後 P50	瓶に入れる 例前 P51
	12	鐘	柄を持つ P54			− 柄先から持つ P55		
			机に打ちつける P53	振り鳴らす P56			− 鐘舌に触る P57	
	13	紐付き輪	輪へ伸ばす P58	輪と紐で遊ぶ P60				
			とにかく引き寄せるP59		すぐ輪を引き寄せるP61			紐で下げる P62
	14	自動車	部分隠し P63		全体隠し P64			
	15	はめ板			円板をはずす P71			− 円板をはめる P72
	16	描画						− なぐり描き 例後 P99
言語・社会 (L-S)	随	鏡	自像に触る M27					ボールを押しつけるM28
		対人反応		人見知り M11		− 指さしに反応 M15		
						＋ 「バイ・バイ」 M12		
						− 「メンメ」 M14	「チョウダイ」渡すM17	
	時	自発遊び		喃語 M24				− 検者とボール遊び M29
			払い落とす M22					
※得点			① 24. 34. 12. 〔70〕	① 30. 46. 14. 〔90〕	① 34. 52. 16. 〔102〕	① 38. 60. 16. 〔114〕	① 40. 67. 19. 〔126〕	① 42. 70. 20. 〔132〕

※ ①は重み、P−M累計得点、C−A累計得点、L−S累計得点、〔全領域累計得点〕

図6－2　新版K式発達検査2001（京都国際社会福祉センター）プロフィールと得点化の実例

用　発達遅滞傾向児向き）の4タイプがある。普段の生活全体から評価でき，記入時間が約15分と短く，性差の出やすい項目をなくして男女同一の換算表によって結果が処理できるので，実施が容易であるという特徴がある。運動，操作，理解言語，表出言語，概念，対子ども社会性，対成人社会性，しつけ，食事の9領域が測定される。タイプAは，概念，対子ども社会性，しつけの領域が除かれ，タイプCは食事の領域が除かれている。発達年齢・発達指数・領域プロフィールがわかるが，すべての領域の合計得点が総合発達年齢（DA）に換算され，生活年齢との比率から総合発達指数（DQ）が算出される。

発達検査については表6－3にまとめたので参考にされたい。

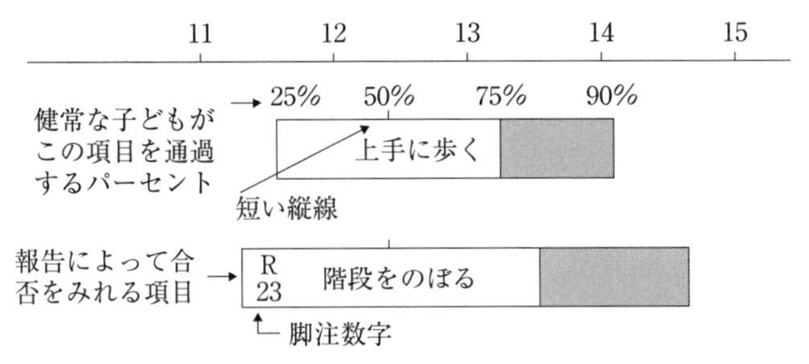

図6－3　日本版デンバー式発達スクリーニング検査年月齢尺度の例（上田，1995）

2）　知能検査

知能検査には，個別式のものと集団式のものがある。個別式の検査は，子どもの検査に対する意欲や行動パターンなどを観察することができ，対象児に関するさまざまな情報を得ることができる。集団式の検査は，テスターが実施に熟達している必要はなく，短時間で多くの人を検査をできるため，学校などで集団に実施するのに適している。

次に，主な個別式知能検査について述べる。

ビネー式知能検査　ビネー式知能検査は，最初は1905年にフランスの心理学者であるビネー（Binet, A.）とシモン（Simon, Th.）によって作成され，知的発達遅滞児を識別するために用いられた。その後，アメリカのターマン（Terman, L. M.）らにより改訂されたスタンフォード・ビネー検査（Terman & Mer-

表6－3　発達検査

検査名	適用年齢	特　徴	結果の表示法
新版K式発達検査2001	0:03－成人	姿勢・運動，認知・適応，言語・社会の3領域を測定	発達年齢(DA) 発達指数(DQ)
乳幼児精神発達診断法	0:00－7:11	0－3歳用は運動，探索・操作，社会，食事・排泄・生活習慣，理解・言語の5領域，3－7歳用は運動，探索，社会，生活習慣，言語の5領域を測定	発達年齢(DA) 発達指数(DQ) 発達輪郭表
日本版デンバー式発達スクリーニング検査	0:02－6:00	発達スクリーニング用検査。個人－社会，微細運動－適応，言語，粗大運動の4領域を測定	暦年齢線を基準に異常，疑問，正常，不能の4つの評価
乳幼児発達スケール(KIDS)	0:01－6:11	スクリーニング用検査。運動，操作，理解言語，表出言語，概念，対子ども社会性，対成人社会性，しつけ，食事の9領域を測定	プロフィール 総合発達年齢(DA) 総合発達指数(DQ)
遠城寺式乳幼児分析的発達診断検査法	0:01－4:08	運動(移動運動，手の運動)，社会(基本的習慣，対人関係)，言語(発語，言語理解)の3領域6項目を測定	プロフィール

rill，1960)は，精神年齢(MA : mental age)をもとに，次の式を用いて知能指数(IQ : intelligence quotient)を算出し，知能の発達の程度を表すことができる。

わが国の田中ビネー式知能検査法の問題例を次に示す。2歳から成人に至るまで，それぞれの年齢の人の大部分が正解する問題をやさしい順に並べて，正

$$\text{知能指数(IQ)}=\frac{\text{精神年齢}}{\text{生活年齢}}\times 100$$

しく答えた程度により得点化し，精神年齢が表される。したがって，ビネー式知能検査は全体的な知能水準，いわば一般的知能を測定しているといえる。

例：田中ビネー式知能検査Ⅴの問題（4歳児）
反対類推　；野原は明るい，森の中は…(暗い)
　　　　　　ジェット機は速い，船は…(遅い)
　　　　　　鉄は重い，綿は…(軽い)
理解(身体機能)　；目は何をするものですか。
　　　　　　耳は何をするものですか。

ウェクスラー式知能検査　ビネー式知能検査では全体的な知能水準を測定するが，ウェクスラー式知能検査では言語性IQと動作性IQを比較したり，下位検査間の得点(評価点)のばらつきを検討したりすることができる。個人内差が明らかになるため，診断に利用されやすい。幼児用のWPPSI，児童用のWISC，成人用のWAISがある。知識，類似，算数などの数種類の下位検査からなる「言語性検査」と，絵画完成，積木模様，迷路などの数種類の下位検査からなる「動作性検査」から構成されている。言語性IQ，動作性IQ，言語性と動作性を総合した全検査IQの3種類のIQが偏差IQとして求められる。さらに，下位検査の評価点のプロフィール表示によって個人内差も分析できる(図6－4参照)。ウェクスラー式の場合，偏差IQの分布は各年齢集団で平均100，標準偏差15の正規分布となっている。

$$\text{偏差 IQ} = \frac{(\text{個人の得点}) - (\text{平均点})}{(\text{標準偏差})} \times 15 + 100$$

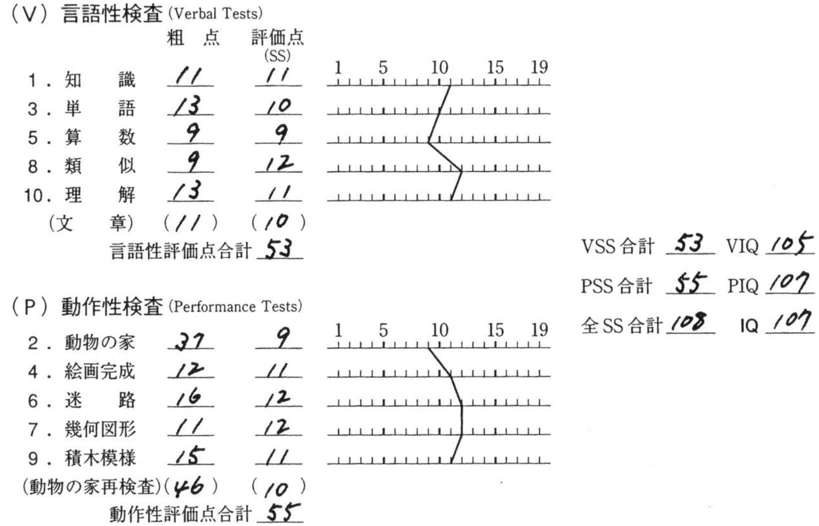

（V）言語性検査 (Verbal Tests)

	粗　点	評価点 (SS)
1．知　識	11	11
3．単　語	13	10
5．算　数	9	9
8．類　似	9	12
10．理　解	13	11
(文　章)	(11)	(10)
言語性評価点合計		53

（P）動作性検査 (Performance Tests)

	粗　点	評価点 (SS)
2．動物の家	37	9
4．絵画完成	12	11
6．迷　路	16	12
7．幾何図形	11	12
9．積木模様	15	11
(動物の家再検査)	(46)	(10)
動作性評価点合計		55

1　5　10　15　19

VSS合計	53	VIQ	105
PSS合計	55	PIQ	107
全SS合計	108	IQ	107

図6－4　WPPSIプロフィール例(4歳8ヵ月男児)

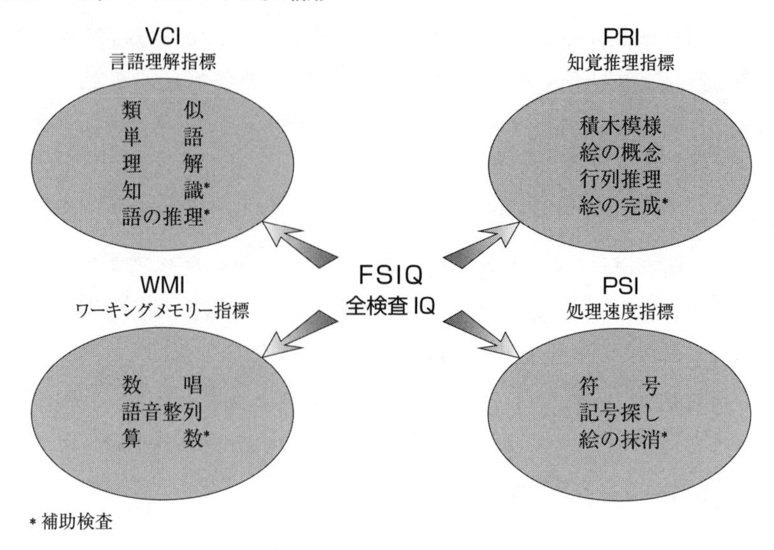

図6－5　WISC-IVの合成得点と構成
(『日本版WISC-IV知能検査　理論・解釈マニュアル』日本文化科学社，2010)

ただし，言語性IQ，動作性IQに象徴される従来の知能概念は，近年改訂されたWISC-Ⅳなどでは一新されている。5つの合成得点(全検査IQ：FSIQ，言語理解指標：VCI，知覚推理指標：PRI，ワーキングメモリ―指標：WMI，処理速度指標：PSI)を中心に，検査結果の分析から得られるプロセス得点なども含め，新しい理論構成による解釈が可能になり，教育支援に役立てられやすくなっている(図6－5参照)。

K-ABC心理・教育アセスメントバッテリー(以降K-ABCと記す)　ビネー式知能検査は個人間差異を測定し，ウェクスラー式知能検査はそれに加えて知能の個人内差異を測定する。K-ABCでは知能を問題解決能力ととらえて「認知処理過程」について測定し，同時にすでに学習した知識を「習得度」として測定する。要するに問題解決能力と習得知識とを別々に測るため，学習障害児や精神遅滞児を含めて子ども一人ひとりに適した教育的働きかけを提示することができる。

「認知処理過程」は継次処理尺度，ならびに同時処理尺度によって測定される。問題を解決する際，継次処理は情報を１度に１つずつ時間的な順序で連続的に分析する過程であり，これに対して同時処理においては最も効果的に問題を解決するために刺激の全体的な統合が必要となる。下位検査は，継次処理尺度が手の動作，数唱，語の配列で，同時処理尺度が魔法の窓，顔さがし，絵の統合，模様の構成，視覚類似，位置さがしで，習得度尺度が表現語彙（ごい），算数，なぞなぞ，ことばの読み，文の理解である。検査結果は，総合尺度として継次処理，同時処理，認知処理過程，習得度が標準得点で表され，総合尺度間の有意差が示される。下位検査も含めて得点プロフィールが図示される。

例：K-ABCの下位検査の例
　継次処理尺度；数唱（２歳６ヵ月～12歳11ヵ月）
　　テスターは一連の数字を言う。子どもは同じ順序でその数字を復唱する。
　同時処理尺度；絵の統合（２歳６ヵ月～12歳11ヵ月）
　　テスターは部分的に欠けた絵を見せる。子どもはその絵の名前を言う。
　習得度尺度；算数（３歳０ヵ月～12歳11ヵ月）
　　テスターは動物園の絵を見せながら算数の問題を出す。子どもはその問題に答える。

知能検査については表６－４にまとめたので参考にされたい。

3)　性格検査

性格検査の種類には個別式と集団式があるが，そのほかに質問紙法・投影法・作業検査法に分類される。

質問紙法　日常的で具体的な項目に対して自分に当てはまるか否かを回答させ，その結果を数量的に表し，統計的な集団基準と比較して，個人の性格を知ろうとする方法である。矢田部・ギルフォード性格検査（Y-G性格検査）のプロフィール例を図６－６に示す。

次に，Y-G性格検査から抜粋した神経質尺度の検査項目を示すので，関心のある人は図６－６をもとに自分の神経質度をチェックしてもらいたい。

表6－4　知能検査

検査名	適用年齢	特　徴	結果の表示法
田中・ビネー式知能検査Ⅴ	2:00–	年齢別知的発達水準によって設定された問題の判定基準から知的発達の状態を把握する。検査内容は単語の知識，文章の完成，直接記憶，問題場面の対応などで，1歳級から13歳級，14歳級から成人級が設定されている	精神年齢(MA) 知能指数(IQ)
WPPSI 知能診断検査	3:10–7:01	言語性検査は知識，単語，算数，類似，理解，(文章)，動作性検査は動物の家，絵画完成，迷路，幾何図形，積木模様の6下位検査で構成される	偏差 IQ 言語性 IQ(VIQ) 動作性 IQ(PIQ) 全検査 IQ(IQ)
WISC–Ⅳ知能検査	5:00–16:11	基本検査は，積木模様，類似，数唱，絵の概念，符号，単語，語音整列，行列推理，理解，記号探しの10下位検査で，補助検査は絵の完成，絵の抹消，知識，算数，語の推理の5下位検査で，合計15の下位検査で構成されている。全検査 IQ(FSIQ)，言語理解指標(VCI)，知覚推理指標(PRI)，ワーキングメモリー指標(WMI)，処理速度指標(PSI)の5つの合成得点が算出され，下位検査評価点に加えて，7つのプロセス得点も算出できる。	合成得点プロフィール ディスクレパンシー比較 プロセス分析
WAIS–Ⅲ成人知能検査	16:00–89:00	言語性検査は，単語，類似，算数，数唱，知識，理解，語音整列で，動作性検査は，絵画完成，符号，積木模様，行列推理，絵画配列，記号探し，組合せで，合計14の下位検査から構成される。IQの他に，言語理解(VC：単語，類似，知識)，知覚統合(PO：絵画完成，積木模様，行列推理)，作動記憶(WM：算数，数唱，語音整列)，処理速度(PS：符号，記号探し)の4つの群指数が導入。	偏差 IQ 言語性 IQ(VIQ) 動作性 IQ(PIQ) 群指数 言語理解(VC) 知覚統合(PC) 作動記憶(WM) 処理速度(PS)
K–ABC 心理・教育アセスメントバッテリー	2:06–12:11	知能を問題解決能力として「認知処理過程」を測定し，同時に知識である「習得度」をも測定する。認知処理過程は「継次処理尺度」「同時処理尺度」に分けて測定する	標準得点(継次処理尺度，同時処理尺度，認知処理過程尺度，習得度)，プロフィール，尺度間の有意差

グッドイナフ人物画知能検査(DAM)	3：00-10：00	人を１人頭から足の先まで描かせて，50の採点基準から動作性の知能発達水準を測定	精神年齢(MA) 知能指数(IQ)

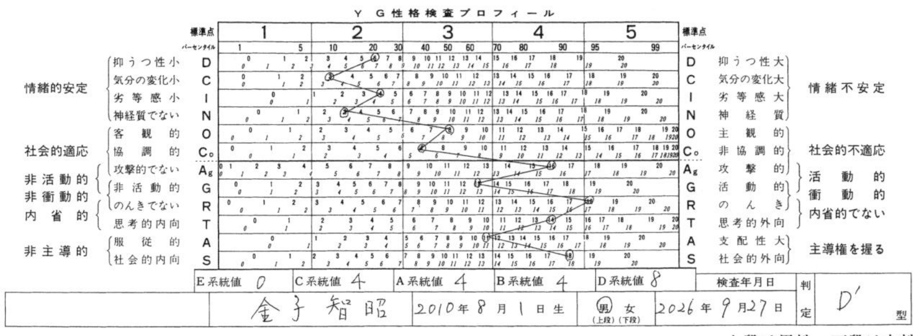

D	抑うつ性	陰気，悲観的気分，罪悪感の強い性質
C	回帰性傾向	著しい気分の変化，驚きやすい性質
I	劣等感の強いこと	自信の欠乏，自己の過小評価，不適応感が強い
N	神経質	心配性，神経質，ノイローゼ気味
O	客観的でないこと	空想的，過敏性，主観性
Co	協調的でないこと	不満が多い，人を信用しない性質
Ag	愛想の悪いこと	攻撃的，社会的活動性，但しこの性質が強すぎると社会的不適応になりやすい
G	一般的活動性	活発な性質，身体を動かすことが好き
R	のんきさ	気がるな，のんきな，活発，衝動的な性質
T	思考的外向	非熟慮的，瞑想的および反省的の反対傾向
A	支配性	社会的指導性，リーダーシップのある性質
S	社会的外向	対人的に外向的，社交的，社会的接触を好む傾向

図６－６　Y-G 性格検査のプロフィール例

「あなたの神経質度は？」

各項目ごとに「はい」を「２点」，「わからない」を「１点」，「いいえ」を「０点」で点数化して集計し，図６－５から自分のパーセントを調べてみてください。

①人が見ていると仕事ができない。（　　）
②人が来てうるさいと思うことがたびたびある。（　　）
③すぐ感情を傷つけられやすい。（　　）
④人の品行(行い)が気になるたちである。（　　）
⑤人からみられているようで不安である。（　　）

⑥ちょっとしたことが仕事の邪魔となる。　（　　）
⑦神経質である。　（　　）
⑧心配性である。　（　　）
⑨気むずかしい。　（　　）
⑩小さいことを気に病む。　（　　）
［計；　　］　［%；　　］

このように質問紙法は簡便に実施でき，判定も数量を用いて客観的に処理できるという利点がある。しかし，対象者が検査に非協力的ででたらめに回答したり，自分を社会的に望ましくみせたがったりすることがあり，このような態度や構えによって，結果が左右されることがある。

投影法　あいまいで多義的な刺激をどのように理解し意味づけるかによって，欲求，感情，葛藤などを測定しようとする検査である。性格の根底にある無意識的な情緒的な動きを探ろうとするものである。ただし，テスターの熟練を要し，実施や判定に多くの時間がかかり，診断結果の信頼性もそれほど高くないといった短所がある。

ロールシャッハ・テスト（Rorschach Test）：

ロールシャッハ（Rorschach, H.）によって創案された心理判断テストで，図6－7に示すような左右対称のインクのシミ図版10枚からなっている。各図版が何に見えるかを回答させることで，人格構造を推測する方法である。人の内的な深層世界を探る有力な検査として適用範囲も広く，統合失調症や神経症の患者，人格障害者，犯罪者などを対象に用いられている。

TAT（Thematic Apperception Test；絵画（主題）統覚検査）：

マレー（Murray, H. A.）とモーガン（Morgan, C. D.）によって開発された。刺激材料は暗い状況を描いた図版からなり，各図版に対して過去，現在，未来についての空想物語をつくらせる。物語の内容について，主人公をとりまく欲求や圧力，主人公の願望・感情・解決様式，物語の内容や結末などがその分析の対象となる（図6－8）。幼児・児童向けにはベラック（Bellak, L.）の開発したCAT（Children's Apperception Test）があり，動物（リスのチロちゃん）が主人公

図６−７　ロールシャッハ・テストの図版（模造）
回答例：コウモリに見える。胴体があって羽を広げている（中学校男子生徒）。

図６−８　TAT（児童・生徒用，模造）
回答例：図工の時間のとき何の絵を描こうか決まらない。絵の具が２色しかなくて筆も１本しかないのでこまっている（小学校６年生女児）。

になっている。

P-F スタディ（Pictue-Frustration Test；絵画欲求不満テスト）：

ローゼンツヴァイク（Rosenzweig, S.）が考案した人格検査で，児童用（４歳〜14歳），青年用（中学校１年生〜大学２年），成人用（15歳以上）がある。人物が漫画風に描かれた24枚の絵から構成されている。この絵は対話形式で，左側の人物が右側の人物に対して，何らかの欲求不満を引き起こすように話しかける（図６−９）。

ローゼンツヴァイクは欲求不満に対する反応をアグレッション（aggression）ということばで表現したが，「攻撃」ということばに訳すと相手に対する意図的な危害と受け止められやすい。本検査の場合のアグレッションとは，基本的には主張性（assertivness）を意味するものである。

反応内容についてアグレッションの方向と型の２次元で欲求不満の反応のタイプを分類する

図６−９　P-F スタディ（模造）

表6－5　P-Fスタディの回答例(小学生)

方向＼型	障害優位	自我防衛	要求固執
他責的	・つまんないなあ。 ・ちぇっ，なあーんだ。	・君はいじわるだ。 ・この間よんでやるといったくせに。うそつき！	・去年はしてくれたじゃないか。今年は？ ・そんなこといわずによんでくれよ。 ・たのむからよんでください。
自責的	・えっ，よばないの？	・ぼくがいじわるをしたからわるいんだ。ごめんね。 ・たしかにぼくがいけなかったんだ。	・すみません。もう悪いことはしないよ。 ・もうこれから決して君をたたいたりしないよ。
無責的	・ぼくは他の家にまねかれていこうとしていたんだ。 ・ぼくもちょうどあした誕生日なんだよ。	・ああいいよ。 ・かまわないよ。	・じゃ，また来年でもよんでね。 ・じゃ，ぼくは他の人と遊ぼう。

(表6－5)。アグレッションの方向とはフラストレーションの原因をどこに求めるかという次元で，他責的(自分以外に求める)，自責的(自分に求める)，無責的(どこにも求めない)の3カテゴリーがある。

アグレッションの型は障害優位型(欲求不満が生じている事態にとらわれている反応)，自我防衛型(欲求不満に対して自分を守ろうとする率直な反応)，要求固執(問題解決に意識が向いている反応)である。

SCT(Sentence Completion Test；文章完成法)：

さまざまな出だしの語句を与え，その後を続けて短い文を完成させる(図6－10)。その内容を分析して不安，攻撃，敵意，依存性などを診断する。

作業検査法　　人はふだん経験していない状態になると，うっかりして自分の本来の姿を現してしまうことがある。内田クレペリン精神検査は，単純加算作業というつまらない状態での作業量やその変化などから，性格の意志的側面を調べようとする検査である。一桁の足し算を1行につき1分間ずつ15分間(前期)させ，5分休憩したのち，10分間(後期)させる。図6－11は心的活動の調和・均衡がよく保たれていて性格・行動の面で問題のない健康者常態定型

1　小さい時，私は　よくおねしょをした。
2　家では　心が落ち着く。
3　私の一番ほしいものは　野球のバットです。
4　私のいやなことは　ゴキブリです。
5　私の(兄・姉・弟・妹)は　口うるさい。
6　私の母がもう少し　ひまだったらいいのに。
⋮
23　時々気になるのは　宿題です。
24　家でよくいわれることは　「早くしなさい」です。
25　私は学校の成績が　よい。

図 6 -10　SCT の回答例(小学校 6 年生男児)

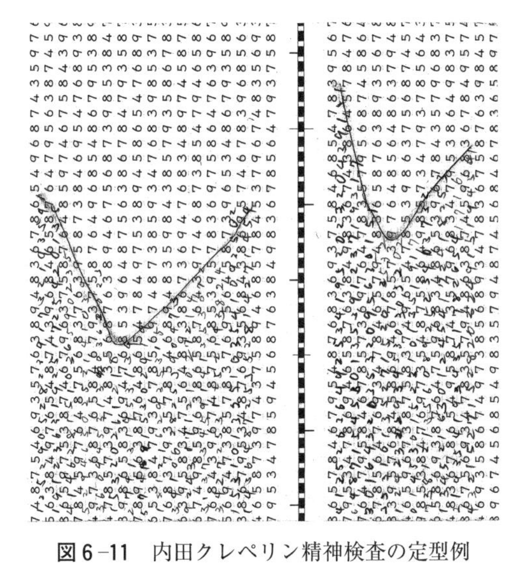

図 6 -11　内田クレペリン精神検査の定型例

(定型)の例である。定型の特徴は，作業曲線が前期がＶ(U)字型で後期が右下がり，後期の作業量が前期の作業量を上回る(特に後期の 1 分目が最高位)，誤数がほとんどなく作業量が著しく低くない，などである。児童用は加算して数字が10以下になっており，幼児用はカニの絵の中に○をつけさせる末梢検査となっている。

性格検査については表6-6にまとめたので参考にされたい。

4）その他の検査

発達検査，知能検査，性格検査の他にも種々の心理テストがあるが，ここでは言語，養育態度，社会性に関するテストを紹介する。

ITPA言語学習能力診断検査　ビネー式知能検査は集団基準をもとに知能水準が測定される。発達遅滞児の教育的診断には個人間の差よりも，その子どもがどの領域で優れた能力をもっているか，またどの領域で劣っているかという「個人内差」を知る方が大切である。ITPAはコミュニケーション過程のモデルに従って子どもの知的能力の個人内差を分析し，治療教育の手がかりを得ることを目的とする診断的検査である。適応年齢は3歳から9歳である。

コミュニケーションに関する言語学習能力を回路，過程，水準の3次元のモデルで表す(図6-12)。回路とは，人が感覚刺激を受け取ってそれを解釈し外界に反応する情報伝達の通路を指す。この時期の子どもにとっての言語学習に最も関係の深い「聴覚—音声」「視覚—運動」の2つの回路を取り上げている。また，言語学習には受容，連合，表現の3つの過程がある。受容過程とは見たもの聞いたものを理解する過程であり，連合過程とはその概念や言語表象を内的に操作する過程であり，表現過程とはそれをことばや動作で表現する過程である。さらに，コミュニケーション行動には表象水準と自動水準の2つが挙げられる。表象を用いてものの意味を伝えるのは高度で複雑な水準であり，これを表象水準という。自動水準とは習慣によって強く組織されあまり意識しなくても自動的に反応する水準である。下位検査にはことばの理解，絵の理解，ことばの類推，絵の類推，ことばの表現，動作の表現，文の構成，絵さがし，数の記憶，形の記憶の10種類がある。

親子関係診断テスト　サイモンズ(Symonds, P. M., 1939)は，親の子どもへの態度は「受容—拒否」「支配—服従」の2つの要因があるとした。この考え方をもとに，品川ら(1958)は親の養育態度を分析して，それが子どもの行動や性格にどのような影響を及ぼしているかを診断するテストを作成した。その

表6－6　性格検査

	検査名	適用年齢	特　徴
質問紙法	ミネソタ多面的人格目録検査(MMPI)	15：00–成人	一般的健康，一般的神経症状，感受性，社会的態度，抑鬱感情など26領域550項目の検査。10の臨床性尺度(心気症，抑うつ，ヒステリー，男子性・女子性など)を用いて異常性を明らかにする
	顕在性不安検査(MAS)	16：00–成人	MMPIから50項目を選択し，個人が抱く身体的精神的な不安のうち明らかに意識されるものを測定する
	モーズレイ性格検査(MPI)	16：00–成人	外向性―内向性，神経症傾向の2側面を測定する
	矢田部ギルフォード性格検査(YG性格検査)	小学生–成人	抑うつ性，神経質，支配性などの12の性格特性を測定し，それらを6つの集合因子(情緒的安定性，社会的適応，活動性，衝動性，内省的，主導的)に分類する。さらに被検査者を5類型(平均普通型，不安定積極型，安定消極型，安定積極型，不安定消極型)にタイプ分けする
投影法	絵画統覚検査(TAT)	小4–成人	情緒的で暗い場面の絵を1枚ずつ見せ空想物語を作らせる。そこに表れた特徴からパーソナリティの衝動，感情，情緒，コンプレックスおよび葛藤を明らかにする
	絵画欲求不満テスト(P-Fスタディ)	児童–成人	絵の左側の人物の欲求不満を引き起こすようなことばに対して，右側の人物がどう答えるかを書かせる。欲求不満の状態をアグレッションの方向と型で分類
	バウムテスト(樹木画テスト)	幼児–成人	A4版の白紙に，1本の実のなる木を描かせる。描かれた木は自我像の一種と考え，描いた人の心理的特徴を探る
	文章完成テスト(SCT)	小学–成人	「小さいとき私は…」のように文の出だしを提示して，その後を続けて文を完成する。文章内容に表れた人格の特徴や力動的な側面を把握する
	ロールシャッハ・テスト	幼児–成人	左右対称のインクのしみ状の図形(10枚)を見せ，それが何に見えるかを回答させて，人格構造を推測し精神障害などを診断する
作業法	内田クレペリン精神検査	幼児–成人	単純加算作業をさせて，作業量，曲線型，誤数から人格の意志的側面などを測定する

後，幼児期や児童期などの発達期別に幾度か改訂が試みられているので，ここでは1994年に改訂された「TK式幼児用親子関係検査」を例に説明する。

幼児を対象に，養育態度を5つに分類し，各態度を2つの型に分けて合計10

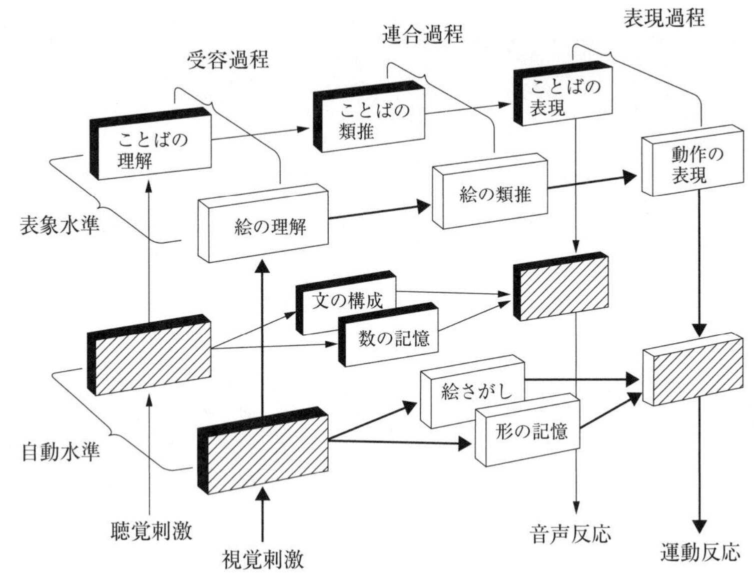

図 6-12　ITPA の臨床モデル(上野ら，1995)

の型(表 6-7 参照)を作成している。「親が過保護なために，子どもが神経質になるのではないか」などと，親の養育態度と関連させて子どもの不適応をうかがい知ることができる。また，親が自分の養育態度を客観的にみて反省し，子どもへの対応を改めるのにも役立つ検査である。子どもの年齢が小さいほど身体的にも精神的にも親に依存する程度が高く，親の影響性は強いと考えられるため，親の養育態度を知ることが重要となってくる。

新版 S-M 社会生活能力検査　第 3 版　乳児から中学生までを対象とし，具体的生活での生活処理能力を測定する尺度である。身辺自立，移動，作業，コミュニケーション，集団参加，自己統制の 6 領域130項目からなり，父母，担任教師などが記入する。測定された社会生活年齢(SA)から，次の式を用いて社会生活指数(SQ)が算出される。6 領域別に SA プロフィールが図示され子どもの特徴をとらえることができる。知能検査とテストバッテリーを組むことで障害状態を把握しやすくなる。

$$\text{社会生活指数(SQ)} = \frac{\text{社会生活年齢}}{\text{生活年齢}} \times 100$$

表6－7　親の養育態度(TK式幼児用親子関係検査手引1992　より作成)

態度	型	内容
拒否的態度	不満型	子どもとしっくりいかない，子どもに対して不満がある，他のきょうだいと比べてかわいくない，相手にならないなどの親の態度
	非難型	子どもをおどかしたり，悪くいったり，体罰やその他の罰を与えたり，どなりつけたりするなどの親の子どもに対する荒っぽい非難的態度
支配的態度	厳格型	子どもの気持ちにかまわず，一方的に親の考えている枠に押し込もうとし，常に子どもを監督下において厳しい命令と禁止でしばる親の態度
	期待型	子どもに対して高い期待をかけ，子どもの能力や気持ちにかまわず親の希望する方向へ引っ張っていく態度
保護的態度	干渉型	子どもに失敗させないようにと，口うるさく指図したり，すぐに手を貸してやったりして，こまごまと世話をやき，子どもに責任をもたせて見守ることができない態度
	心配型	子どもの健康，安全，成績，交友関係などに，無意味と思われるほどの心配をし，そのためにむやみと手をかけ保護する態度
服従的態度	溺愛型	「ねこかわいがり」で見さかいなく子どもを甘やかす態度
	盲従型	子どものいいなりになり，召使いのようにサービスする親の態度
矛盾的態度	矛盾型	子どもの同じ行動に対して，ある時はひどくしかったり禁止したりし，またある時は見逃したり奨励したりする態度
	不一致型	父親と母親の子どもに対する考え方や態度に大きな差がある場合で，子どもにとっては矛盾した一致していない両親の態度

3．アセスメントの活用

(1)　包括的アセスメント

すでに述べてきたように，アセスメントには主に行動観察，面接，心理検査の3種類がある。ただし，信頼性や妥当性が保証されている心理検査においても，発達・知能・人格・社会性など測定する側面が異なっている。そこで子どもの複雑な心理や行動を的確に理解するためには，複数の情報や検査結果を包括して検討する必要がある。

行動観察においては，教師や保育者が，基本的生活習慣，学習態度，集団参加，言語やコミュニケーション，感覚や知覚，対人関係，運動機能などについての情報を収集することができる。面接では，養育者から家族関係，既往症や発育経過などを知ることが出来るが，ケース会議などを通して得られる他の教職員の見立ても貴重な情報となりうる。心理検査は専門家が行うものであるが，結果だけでなく教育場面でどのようにサポートしていくかも記載されていることが望ましい。

また，支援が行われた後には，その支援の有効性もアセスメントする必要がある。

図６-13は，アセスメントの効果的活用の例である。アセスメント結果を参考にしながら，支援の方向性を検討することが重要と考える。

（２） アセスメントを実施する条件

心理テストを実施する前に，保護者に対して，さらに理解できる場合は子どもに対しても，なぜ心理検査をするのかを説明して，検査の必要性を肯定的に受け止められるようにする。さらに守秘義務についても伝えて不安を解消するように配慮する。

テスターは，ゆったりとした雰囲気をつくり，対象児からの質問にも丁寧に回答し，十分にラポールをつけることを心がける。検査に乗り気ではない場合は決められた実施方法から逸脱しない範囲で励まし，テスターに攻撃的で不機嫌な態度をとる場合は納得のいくまで話し合ってから検査へと移行する。このように，対象児がいつもの状態でリラックスして検査を受けられるように配慮する。

心理検査の結果を解釈する場合には，テスターの主観を持ち込まないように留意する。保護者や対象児に心理検査の結果を伝えるときは，心理的に健康な

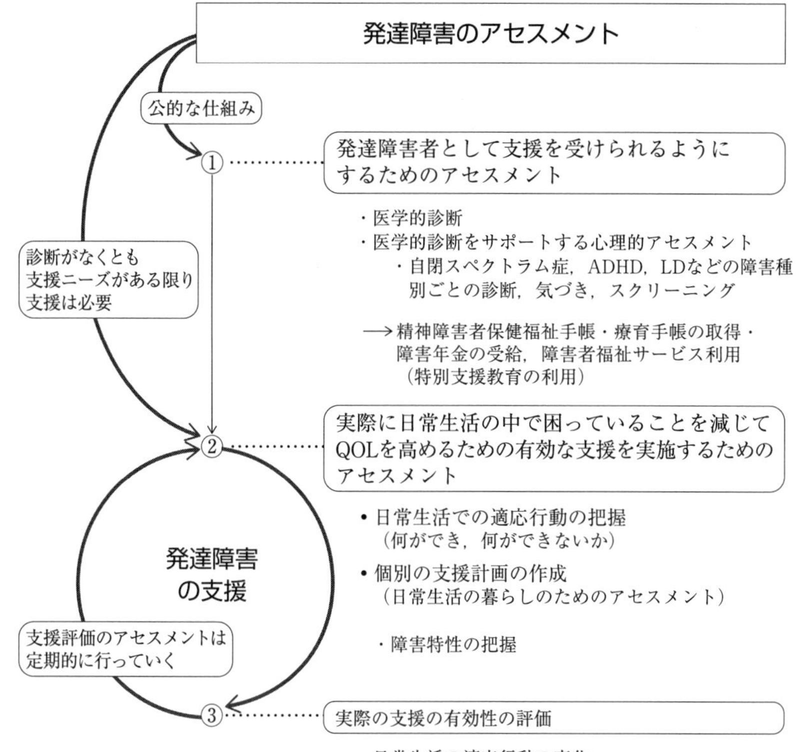

図６-13　アセスメントの効果的活用（アスペ・エルデの会，2013を一部改変）

面に焦点を当て説明し，否定的な印象を持たせないようにする。それは，発達過程にある対象児が固定的なレッテルを張られることで，今後の人生に暗い影が落とされることもあるからである。基本的には，心理アセスメントは対象児の隠された可能性を発見し，自信を回復して明日に向かって自己実現していくために実施されるものなのである。

7章 教育相談に生かす地域サポート資源

教育(育児)相談は，すでに教育施設や保育施設などを中心に行われているが，現在では対象となる子どもの数が少なくなっていることが，大きな社会問題になっている。少子化のショックは，1990(平成元)年の合計特殊出生率1.57に始まり，今日までその防止のためにさまざまな取り組みがなされているが，有効な手だてが見出されていないのが現状である。少子化はわが国の存亡に係わる国家的な課題であり，子どもは国の宝になっていると言っても過言ではないであろう。

子どもを安心して生み育てられる社会，一人ひとりの個性が尊重され自己実現できる環境，キャリア形成と職業選択，生涯を通じた障害者への支援など，さまざまな地域サポートが身近に存在している。そのような地域サポート資源を有効に活用し，教育(育児)相談が効果的に実施されることを期待して，本章を執筆した。

本章では，まず，これまでの少子化対策の経過を説明し，現在の取り組みについて解説する。次に，家庭での子育てサポート体制，そして幼稚園・保育所・認定こども園における地域サポートの活用について検討する。最後に，小学校や中学校，及び高等学校や大学が担うサポート体制についてふれたい。

1．地域サポート資源を支える制度について

少子化対策を行うことは，わが国にとって重要な課題である。図7−1は，

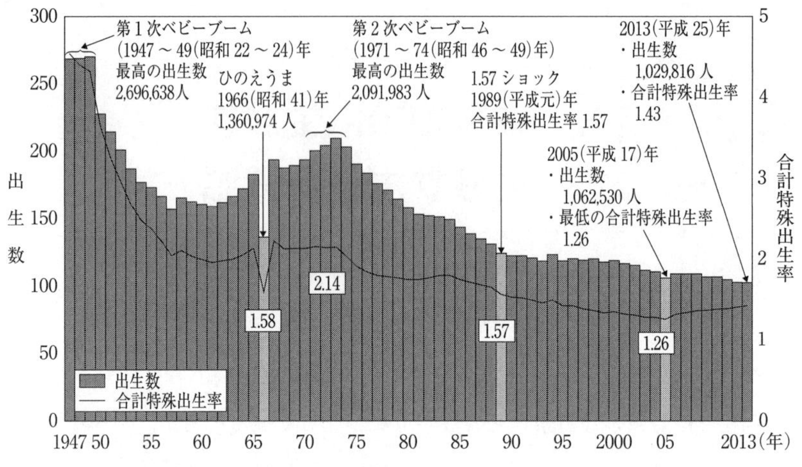

図7－1　出生数及び合計特殊出生率の年次推移(厚生労働省「人口動態統計」, 2013)

出生数と合計特殊出生率を表したグラフである。この中で，2005(平成17)年に着目すると，出生数は106万人，合計特殊出生率は1.26となり過去最低を記録している。さらに，それ以降の出生数が伸び悩んでいる。したがって，安心して子育てできる社会の実現をめざして，さらに一層，少子化対策を行うことが大切である。

(1)　これまでの少子化対策について

最初の少子化対策は，1994(平成6)年のエンゼルプラン(正式名「今後の子育て支援のための施策の基本的方針」)である(図7－2)。この基本方針のもと，1998(平成10)年に幼稚園，翌1999(平成11)年に保育所が地域の子育て支援センターとして機能するようになり，子どもの健全育成を図るべきことが幼稚園教育要領と保育所保育指針に明記された。

そして，エンゼルプランは，2000(平成12)年から新エンゼルプランに引き継がれた。その後，少子化社会対策基本法(2003(平成15)年)，次世代育成支援対策推進法(2003(平成15)年)，2004(平成16)年には「子ども・子育て応援プラン」が制定された。これらの過程を通して，子育て支援への取り組みが行わ

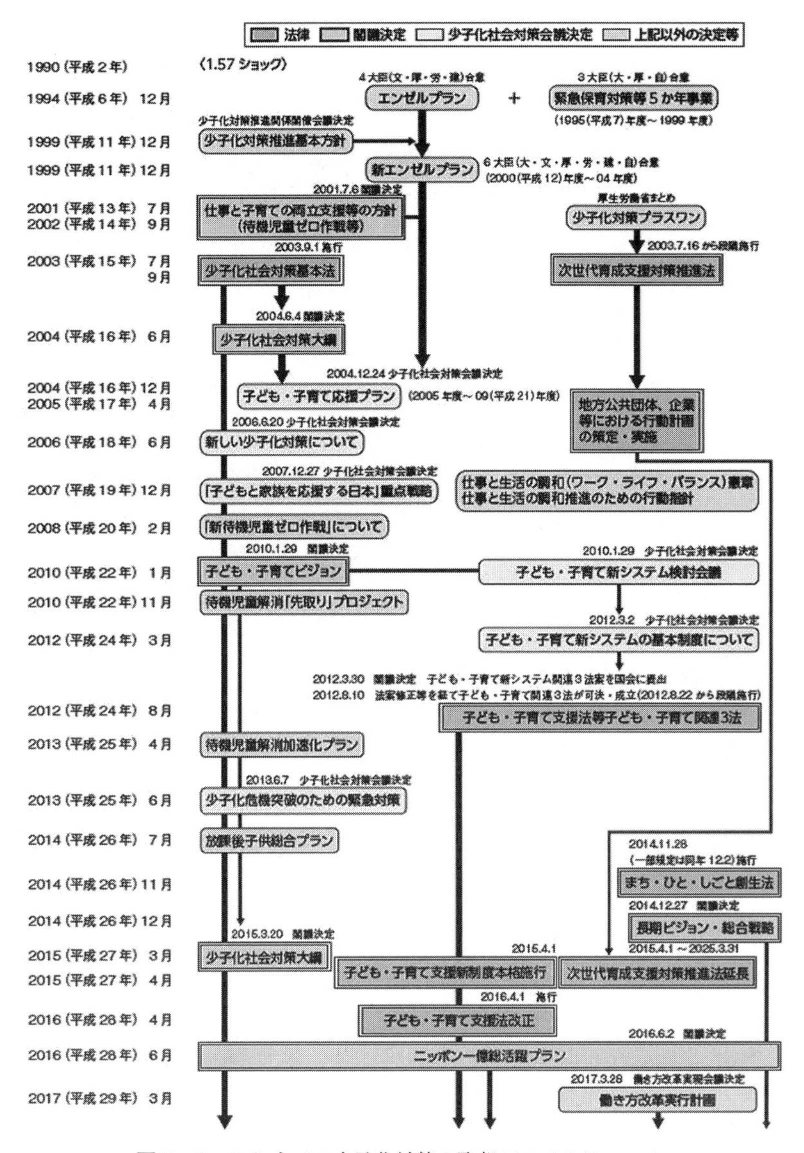

図７－２　これまでの少子化対策の取組(内閣府資料，2017)

れ，保育士が保育所内だけでなく地域の拠点に配置され，地域に出向いて相談に応じたり，参加者同士の交流の機会を作ったりするようになった。

しかし，2005（平成17）年に合計特殊出生率は1.26と過去最低を記録したことから，より少子化に対応するため，2006（平成18）年「新しい少子化対策について」が制定された。この制定では，少子化への対策として，社会全体で家族や地域の絆を強化するため，子育て支援策を推進するとともに，働き方を見直す取り組みも行われた。

2010（平成22）年の「子ども・子育てビジョン」の制定に合わせて，新しい子育て支援策が検討された。最近では，2015（平成27）年に少子化社会対策大綱，同年に子ども・子育て支援新制度が施行された。特に，子ども・子育て支援新制度では，共働きの夫婦であっても子育てができやすい環境を整備すると共に，子育て家庭や妊産婦の困りごと等に合わせて，幼稚園・保育所・認定こども園の施設利用や地域の子育て支援事業からの情報提供や支援の紹介も行われている。これらの政策については，以下に説明する。

（2）　子ども・子育てビジョン

子ども・子育てビジョンは，2003（平成15）年の「少子化社会対策基本法」に基づき，社会全体で子育てを支え，個々人の希望がかなう社会の実現を基本理念とするものである（図7－3）。社会への政策として4つの柱，すなわち，①子どもの育ちを支え，若者が安心して成長できる社会，②妊娠，出産，子育ての希望が実現できる社会，③多様なネットワークで子育て力のある地域社会，④男性も女性も仕事と生活が調和する社会（ワーク・ライフ・バランスの実現）と，12の主要施策を定めている。

（3）　少子化社会対策大綱

2015（平成27）年には，総合的かつ長期的な少子化に対処するための施策の指針として「少子化社会対策大綱」が制定され，具体的な数値目標が示された（表7－1）。この施策の中で，①少子化は，個人・地域・企業・国家に至る社

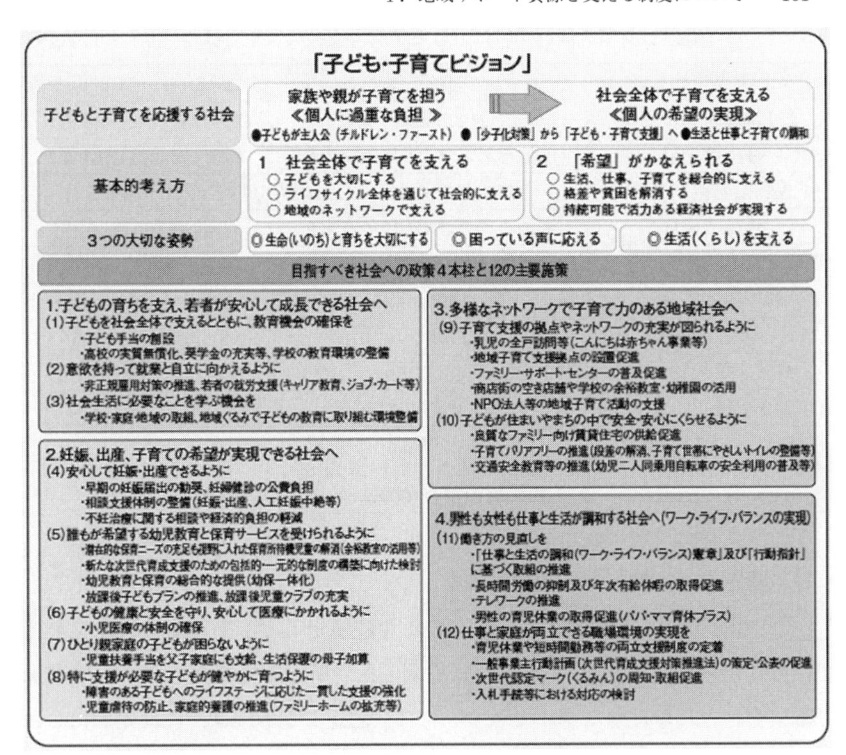

図7－3　「子ども・子育てビジョン」概要(内閣府，2010)

会全体に多大な影響を与えると捉えること，②少子化危機は，解決不可能な課題ではなく克服できる課題と考えること，③粘り強く少子化対策を推進していくこと，④結婚，妊娠，子ども・子育てを温かく見守ることのできる社会の実現に向けて行動を起こすことが示されている。

（4） 子ども・子育て支援新制度

2015(平成27)年より，「子ども・子育て支援新制度」が開始された。この制度では，すべての子ども・子育て家庭に質の高い乳幼児期の教育・保育及び地域子育て支援を総合的に提供していくことをめざしている。

表7－1　少子化社会対策大綱（概要）における子育て支援の数値目標（内閣府，2015を改変）

子育て支援施策例	2017年度	2013年度・2014年度
認可保育所等の定員	267万人	234万人（2014年４月）
➡待機児童	解消をめざす（2019年度末）	21371人（2014年４月）
放課後児童クラブ	122万人	94万人（2014年５月）
➡待機児童	解消をめざす（2019年度末）	9945人（2014年５月）
地域子育て支援拠点事業	8000か所	6233か所（2013年度）
利用者支援事業	1800か所	291か所（2014年度）
一時預かり事業	1134万人	406万人（2013年度）
病児・病後児保育	150万人	52万人（2013年度）
養育支援訪問事業	全市町村	1225市町村（2013年４月）
子育て世代包括支援センター	全国展開（支援ニーズの高い妊産婦への支援実施の割合100%）	

1）　認定こども園・地域型保育事業について

「子ども・子育て支援新制度」では，新たに認定こども園・地域型保育事業が位置づけられた。表7－2では，幼稚園・保育所・認定こども園・地域型保育事業それぞれの役割について示す。特に，認定こども園は，乳幼児期における連続性の確保や教育・保育ニーズへの柔軟な対応という視点を踏まえ，教育・保育を一体的に行う施設としての役割を担っている。認定こども園の職員である「保育教諭」は，０～６歳までの教育・保育を行うための原則として，幼稚園教諭免許状と保育士資格の両方を有している必要がある。

表7－2　幼稚園・保育所・認定こども園・地域型保育事業の役割

幼稚園（３～５歳）	保育所（０～５歳）	認定こども園（０～５歳）	地域型保育事業（０～２歳）
満３歳から小学校就学までの間，教育の基礎を培うための幼児教育を行う学校	就労などの理由から家庭で保育ができない保護者に代わり乳幼児を保育する施設	幼稚園と保育所の機能を併せもち，教育・保育を一体的に行う施設 地域の子育て支援を行う機能をもつ	定員20人未満で保育する事業 小規模保育，家庭的保育，事業内保育，居宅訪問型保育がある

2) 地域の子育て支援事業の充実

「子ども・子育て支援新制度」では，2007(平成19年)度からの地域子育て支援事業(①ひろば型・②センター型・③児童館型)の充実を図るため，すべての子育て家庭を対象に，「地域子育て支援拠点」「放課後拠点クラブ」「病児保育」等のさまざまな子育て支援事業の充実が図られている。こうした事業では，保護者の子育て相談に応じたり子育てに関する情報提供をしたり，専門家による子育て支援に関する講習を実施したりしている。また保護者同士が，子育てに関する悩みを共有したり，情報交換したりすることで育児への不安が改善できるような試みがなされている(表7－3)。

①　ひろば型：ひろば型は，子育て親子が気軽に集い，相互に交流することのできる場を提供し，子育てに関する相談や情報提供等の取り組みを行うものである。開設場所は，空き店舗やショッピングセンター等の生活に密着した場

表7－3　地域子育て支援事業に関する実施状況(厚生労働省，2007を改変)

	ひろば型	センター型	児童館型
実施主体	市町村(特別区を含む) 社会福祉法人，NPO法人，民間事業者等への委託も可	市町村(特別区を含む) 社会福祉法人，NPO法人，民間事業者等への委託も可	市町村(特別区を含む) 社会福祉法人，NPO法人，民間事業者等への委託も可
基本事業	①子育て親子の交流の場の提供と交流の促進 ②子育て等に関する相談・援助の実施 ③地域の子育て関連情報の提供 ④子育て及び子育て支援に関する講習会等の実施	①子育て親子の交流の場の提供と交流の促進 ②子育て等に関する相談・援助の実施 ③地域の子育て関連情報の提供 ④子育て及び子育て支援に関する講習会等の実施 ※①～④に加え，地域支援活動の実施	①子育て親子の交流の場の提供と交流の促進 ②子育て等に関する相談・援助の実施 ③地域の子育て関連情報の提供 ④子育て及び子育て支援に関する講習会等の実施
従事者	子育て親子の支援に関して意欲があり，子育ての知識と経験を有する専任者(2名以上配置)	保育士や看護師等，育児，保育に関する相談指導等について相当な知識・経験を有する者で，地域の子育て事情に精通した者(2名以上配置)	子育て親子の支援に関して意欲があり，子育ての知識と経験を有する者(1名以上)に児童館職員が協力
実施場所	公共施設内スペース，幼稚園，マンションの一室等	保育所等の児童福祉施設，公共施設等	児童館
開設日数等	週3日以上，1日5時間以上	週5日以上，1日5時間以上	週3日以上，1日3時間以上

所に立地しているのも特徴である。また，積極的に地域のボランティアを受け入れることで，子育てを支える地域のネットワーク力の向上や親子の成長を見守る温かい地域づくりにもつながっている。

② センター型：センター型は，子ども全般に関する専門的な支援を行う拠点としての機能とともに，関係機関や子育て支援活動を行うグループ等と連携し，親子交流や子育てサークルへの援助等，地域に開かれた活動を行っている。開設場所は，保育所内であるため，育児や保育に関する専門的な知識や経験を有する者(ただし，保育士資格の有無は問わない)が，子育て中の親からの相談にアドバイスできることが特徴である。また直接，子どもと関わりをもつことで，子どもの育ちへの援助も行っている。

③ 児童館型：児童館型は，地域の子育て家庭を対象として親子教室などを開催し，遊びのプログラムを中心とした子育て支援活動を行っている。開設場所である児童館は，小学生や中・高校生，及び地域の大人等の幅広い年齢層が出入りすることが特徴である。乳幼児が小学生や地域の人々などと触れ合ったり，遊んだりする機会にもなり，親が将来を想像しながら子育てを考えるきっかけにもなる。

2．家庭での子育てサポート体制

誰もが安心して子どもを産み育てられるような社会をめざして，家庭での子育てを支援する施策が実施されている。また，子育てにおけるサポート体制として，緊急時の対応も整備されている。厚生労働省は2006(平成17)年より「緊急サポートネットワーク」を展開している。基本的に24時間体制で緊急時に対応できる団体に厚労省が事業を委託し，子どもが熱を出したが仕事を休めない時，急な出張で家を空けなくてはならないが保育園が預かってくれない時間帯である時など，看護師や保育士らが派遣される会員制のシステムがある。

（１） 妊娠・出産・育児のサポート体制

妊娠・出産・育児は，母親にとって，パートナーとともに親役割を獲得していく重要な時期である。しかし，出産や育児への不安はパートナーのサポートだけでは不十分な場合もあり，母親への育児不安につながる可能性もある。

そのため，出産や育児における多様なニーズに応えるサポート体制への注目が高まっている。周産期の身体の負担を軽減するためのケア，子育て中の母親の気持ちを楽にするための相談サービス，地域社会とのかかわりを通して子育て支援を行うコミュニティサービスなどが行われている（表７－４）。こうしたさまざまなサービスを子育て中の母親が有効に活用するためには，良質な情報をどのように提供していくかが今後の課題となっている。

表７－４　妊娠・出産・育児のサポート体制

<table>
<tr><th>サポート名</th><th>サポート内容</th><th>従事者</th><th>時期</th></tr>
<tr><td>産前・産後支援ヘルパー</td><td>産前・産後の育児や家事の支援が必要な家庭に，ヘルパーが訪問して支援するサービス</td><td>自治体や委託事業者</td><td>出産前</td></tr>
<tr><td>産後ケアセンター</td><td>出産後の時期に必要なケアをしっかり受けながら，赤ちゃんと一緒に過ごすことのできるケア施設</td><td>看護師・助産師・臨床心理士</td><td>出産直後</td></tr>
<tr><td>新生児訪問</td><td>乳児（生後４ヵ月まで）を対象に，乳児の体重測定，母親の体調や育児相談を受ける等</td><td>自治体が運営・助産師や保健師が訪問</td><td>出産後</td></tr>
<tr><td>子育てシェアサービス</td><td>地域で顔見知りと気兼ねなく子育てを頼り合えるコミュニティサービス</td><td>企業やNPO</td><td rowspan="3">子育て中</td></tr>
<tr><td>育児サークル</td><td>市区町村の関係署や社会福祉協議会の職員などが集まり，様々な活動を行う</td><td>子育て支援センター・児童センター</td></tr>
<tr><td>ファミリーサポートセンター</td><td>保護者の病気等の緊急時に子どもを預かる支援センター</td><td>市区町村</td></tr>
</table>

（2）育児不安への対応

「子どもへの接し方がわからない」「しつけの仕方がわからない」「発育が遅れているように思える」「息抜きができない」など，子育てで悩む親は多い。育児への悩みや不安は，幼稚園，保育所，保健所，保健センター，地域子育て支援センター等で相談できるようになっている（表7－5）。相談内容では，子どもの障害や親による虐待などの深刻なケース，親の精神的身体的問題，生活の困窮などが育児不安の原因となっていることがある。育児不安が深刻な状況にならないよう，早期に専門機関と連携することが大切である。

表7－5　専門機関のスタッフと内容（文部科学省，2010）

専門機関名	主なスタッフ	内　容
教育相談センター 教育相談所 教育研究所 教育相談機関	相談員，臨床心理士，医師，社会福祉士，精神健康福祉士	性格，行動，心身障害，学校生活，家庭生活等の教育に関する相談
市町村	社会福祉主事，母子相談員，家庭相談員，臨床心理士，保育士	児童福祉法に基づき，児童等の福祉に関し，情報提供，相談対応，調査，指導を行う第一義的な窓口である。 児童相談所とともに，児童虐待の通告先となっている。
保健所 保健センター 保健福祉センター	医師，保健師，看護師，精神健康福祉士，臨床心理士，相談員	地域保健法に基づき，各都道府県・指定都市・中核市に設置。主な業務は，栄養の改善及び食品衛生に関する事項，医事及び薬事に関する事項，母性及び乳幼児並びに老人の保健に関する事項，歯科保健に関する事項，精神保健に関する事項，エイズ，結核，性病，感染症その他の疾病の予防に関する事項，その他地域住民の健康の保持及び増進に関する事項等。
精神科クリニック	医師，看護師，精神保健福祉士，臨床心理士	神経症や精神的疾患に関する相談・予防・治療
総合病院の精神科	医師，看護師，精神保健福祉士，臨床心理士	身体的な症状も含めての神経症や精神的疾患に関する相談・予防・治療

精神病院	医師，看護師，精神保健福祉士，臨床心理士	入院等を含めての精神的疾患に関する相談・予防・治療
精神保健福祉センター	精神科医，臨床心理士，精神科ソーシャルワーカー，保健師	精神保健福祉法に基づき，各都道府県・指定都市・中核市に設置。主な業務は，精神保健に関する相談，人材育成，普及啓発，調査研究，精神医療審査会の審査に関する事務等
児童相談所	医師，児童福祉司，児童心理司，児童指導員	児童福祉法に基づき，各都道府県・指定都市・中核市に設置。18歳未満の子どもに関する様々な相談（養護相談，育成相談，障害相談等）に対応。都道府県によっては，その規模などに応じ複数の児童相談所及びその支所を設置。主な業務は，児童福祉司や児童心理司が保護者や関係者等から子どもに関する相談に応じ，子どもや家庭について必要な審理判断や調査を実施し指導を行う。行動観察や緊急保護のために一時保護の制度もある。
児童養護施設	児童指導員，保育士，心理療法担当職員，家庭支援専門相談員	保護者のいない児童，虐待されている児童，その他環境上養護を要する児童を対象とした入所施設
児童家庭支援センター	相談員，心理療法担当職員	地域の子ども家庭等の福祉に関する相談機関
福祉事務所	社会福祉士，相談員	生活保護や子ども家庭等の福祉に関する相談，保護実施の機関
民生委員・児童委員，主任児童委員	民生委員・児童委員，主任児童委員	厚生労働大臣の委嘱を受け地域住民の保護，保健・福祉に関する援助・指導などを行う。児童虐待の通告の仲介も行う。

3．幼稚園や保育所，幼保連携型認定こども園が担うサポート体制

（1）地域子育て支援センターとしての役割

保育所や幼稚園では，地域社会の実情や保護者の要請等を踏まえながら，積極的に家庭での子育てを支援していくことが強く求められている。先述した地

域支援事業にも挙げられているように，地域の住民や子育て中の保護者や子どもが自由に交流できるような集いの場を提供することを通して，高齢者・ボランティア・子育てサークルなどとの交流活動を行っていくことも大切である。

以下では，幼稚園教育要領・保育所保育指針・幼保連携型認定こども園保育要領(2017(平成29)年３月31日改訂)における地域・子育て支援のとらえ方について記載する。

〈幼稚園教育要領〉

教育課程に係る教育時間の終了後等に行う教育活動などの留意事項

幼稚園の運営に当たっては，子育ての支援のために保護者や地域の人々に機能や施設を開放して，園内体制の整備や関係機関との連携及び協力に配慮しつつ，幼児期の教育に関する相談に応じたり，情報を提供したり，幼児と保護者との登園を受け入れたり，保護者同士の交流の機会を提供したりするなど，幼稚園と家庭が一体となって幼児と関わる取り組みを進め，地域における幼児期の教育のセンターとしての役割を果たすよう努めるものとする。その際，心理や保健の専門家，地域の子育て経験者等と連携・協働しながら取り組むよう配慮するものとする。

〈保育所保育指針〉

子育て支援

保育所における保護者に対する子育て支援は，全ての子どもの健やかな育ちを実現することができるよう，子どもの育ちを家庭と連携して支援していくとともに，保護者及び地域が有する子育てを自ら実践する力の向上に資するよう，次の事項に留意するものとする。

1　保育所における子育て支援に関する基本的事項

(1)　保育所の特性を生かした子育て支援

ア　保護者に対する子育て支援を行う際には，各地域や家庭の実態等を踏まえるとともに，保護者の気持ちを受け止め，相互の信頼関係を基本に，保護者の自己決定を尊重すること。

イ　保育及び子育てに関する知識や技術など，保育者等の専門性や，子どもが常に存在する環境など，保育所の特性を生かし，保護者が子どもの成長に気付き子育ての喜びを感じられるように努めること。

(2)　子育て支援に関して留意すべき事項

ア　保護者に対する子育て実践における地域の関係機関等との連携及び協働を図り，保育所全体の体制構築に努めること。

イ　子どもの利益に反しない限りにおいて，保護者や子どものプライバシーを保護し，知り得た事柄の秘密を保持すること。

2　保育所を利用している保護者に対する子育て支援

(1)　保護者との相互理解

ア　日常の保育に関連したさまざまな機会を活用し子どもの日々の伝達や収集，保育所保育の意図の説明などを通じて，保護者との相互理解を図るよう努めること。

イ　保育の活動に対する保護者の積極的な参加は，保護者の子育てを自ら実践する力の向上に寄与することから，これを促すこと。

(2)　保護者の状況に配慮した個別の支援

ア　保護者の就労と子育ての両立等を支援するため，保護者の多様化した保育の需要に応じ，病児保育事業など多様な事業を実施する場合には，保護者の状況に配慮するとともに，子どもの福祉が尊重されるよう努め，子どもの生活の連続性を考慮すること。

イ　子どもに障害や発達上の課題が見られる場合には，市町村や関係機関と連携及び協力を図りつつ，保護者に対する個別の支援を行うよう努めること。

ウ　外国籍家庭など，特別な配慮を必要とする家庭の場合には，状況等に応じて個別の支援を行うよう努めること。

(3)　不適切な養育等が疑われる家庭への支援

ア　保護者に育児不安等が見られる場合には，保護者の希望に応じて個別の支援を行うよう努めること。

イ　保護者に不適切な養育態度等が疑われる場合には，市町村や関係機関と連携し，要保護児童対策地域協議会で検討するなど適切な対応を図ること。また，虐待が疑われる場合には，速やかに市町村又は児童相談所に通告し，適切な対応を図ること。

3　地域の保護者等に対する子育て支援

(1)　地域に開かれた子育て支援

ア　保育所は，児童福祉法第48条の4の規定に基づき，その行う保育に支障がない限りにおいて，地域の実情や当該保育所の体制等を踏まえ，地域の保護者等に対して，保育所保育の専門性を生かした子育て支援を積極的に行うよう努めること。

イ　地域の子どもに対する一時預かり事業などの活動を行う際には，一人一人の子どもの心身の状態などを考慮するとともに，日常の保育との関連に配慮するなど，柔軟に活動を展開できるようにすること。

(2)　地域の関係機関等との連携

ア　市町村の支援を得て，地域の関係機関等との積極的な連携及び協働を図るとともに，子育て支援に関する地域の人材と積極的に連携を図るよう努めること。

イ　地域の要保護児童への対応など，地域の子どもを巡る諸課題に対し，要保護児童対策地域協議会など関係機関等と連携及び協力して取り組むよう努めること。

〈幼保連携型認定こども園教育・保育要領〉

保護者に対する子育て支援に当たっては，幼保連携型認定こども園における教育及び保育の基本及び目標を踏まえ，子どもに対する学校としての教育及び児童福祉施設としての保育並びに保護者に対する子育ての支援について相互に有機的な連携が図られるようにすること。また，幼保連携型認定こども園の目的の達成に資するため，保護者が子どもの成長に気付き子育ての喜びが感じられるよう，幼保連携型認定子ども園の特性を生かした子育ての支援に努めること。

（2）　気になる子へのサポート支援

保育現場では，保育上で何らかの課題がある幼児のことを「気になる子」ということばで表現することがある。保育現場において，「気になる子」を考えるとき，周囲をかき乱す子どもととらえやすいが，過度のおとなしさや引っ込み思案といった目立ちにくい特徴をもつ子どもにも，目を向ける必要がある。その上で，「気になる」ことは何かという捉え直しを行う必要もある。なぜ「気になる」行動をするのかという理由を探すだけでなく，どのような場面で

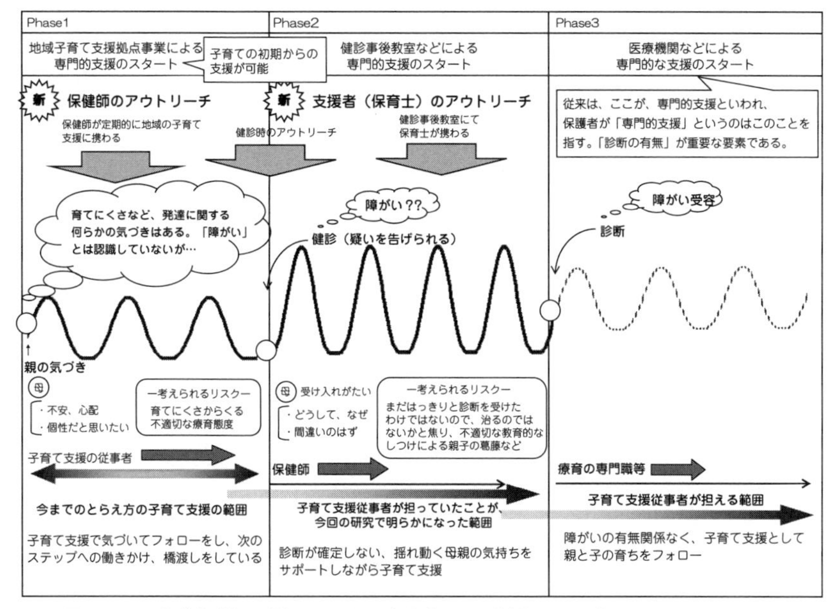

図7－4　乳幼児期の「気になる子」と親への支援のあり方(佐野・池田，2014)

どんな行動が「気になる」のかという問題を整理(アセスメントを踏まえる)することが大切である。

また，障害が予想される場合は，保育者は保護者に外部の専門機関への相談や受診を勧めることもある(図7－4)。しかし，専門機関への受診や相談の結果，診断名や発達検査の結果が出ても，それだけでは子どもの個別の特徴や特別なニーズが把握できたとは言えない。保育者は，障害名や検査結果などを参考として，その子どもの保育の場での様子を整理し，教育・保育の巡回相談員などと連携しながら，適切な援助を行ってほしい。

4．小学校・中学校が主に担うサポート体制

学校だけでは対応しきれない児童生徒の問題行動には，外部の専門家であるスクールカウンセラーやスクールソーシャルワーカー，学校の教員から選出さ

表7－6　スクールカウンセラーの主な職務
（文部科学省，2010）

児童生徒への対応
・児童生徒へのアセスメント活動 ・児童生徒や保護者へのカウンセリング活動
学校・教職員・関係機関への対応
・学校内におけるチーム体制の支援 ・保護者，教職員に対する支援・相談・情報提供 ・関係機関等の紹介 ・教職員等への研究活動の支援　など

れる特別支援教育コーディネーターと連携しながら，適切な支援方法について考える必要がある。

（1）スクールカウンセラー

スクールカウンセラーは，いじめや不登校を始めとする児童生徒の問題行動の未然防止，早期発見・早期対応等を行うため，小学校・中学校等に配置されている「心の専門家」である。スクールカウンセラーの配置校は，制度創設当時の1995(平成7)年度は154校であったが，2014(平成26)年度では約22,000校となっている。

学校は，スクールカウンセラーを活用するために，学校内の教育相談体制や連絡体制を整備した上で，窓口となる教育相談担当教員が児童生徒の情報を適切に伝えることが求められる。また，児童生徒の相談内容によっては，児童相談所や警察等の外部機関と連携することも求められている(表7－6)。

（2）スクールソーシャルワーカー

スクールソーシャルワーカーは，社会福祉の専門的な知識，技術を活用し，問題を抱えた児童生徒を取り巻く環境に働きかけ，家庭，学校，地域の関係機関をつなぎ，児童生徒の悩みや抱えている問題の解決に向けて支援する専門家である(表7－7)。

学校は，教育現場の実態に合わせて児童生徒のさまざまな情報を整理統合

表7－7　スクールソーシャルワーカーの主な職務
（文部科学省，2010）

児童生徒への対応
・問題を抱える児童生徒の置かれた環境への働きかけ
学校・教職員・関係機関への対応
・学校内におけるチーム体制の構築・支援 ・保護者，教職員に対する支援・相談・情報提供 ・関係機関とのネットワークの構築・連携・調整 ・教職員への研究活動の支援　など

し，アセスメントやプランニングをした上で，教職員がチームで問題を抱えた児童生徒の支援をしている。その支援体制の確立が，スクールソーシャルワーカーを有効に活用するために必要である。

（3）　特別支援教育コーディネーター

特別支援教育コーディネーターは，校内外の関係機関などのチームワークや

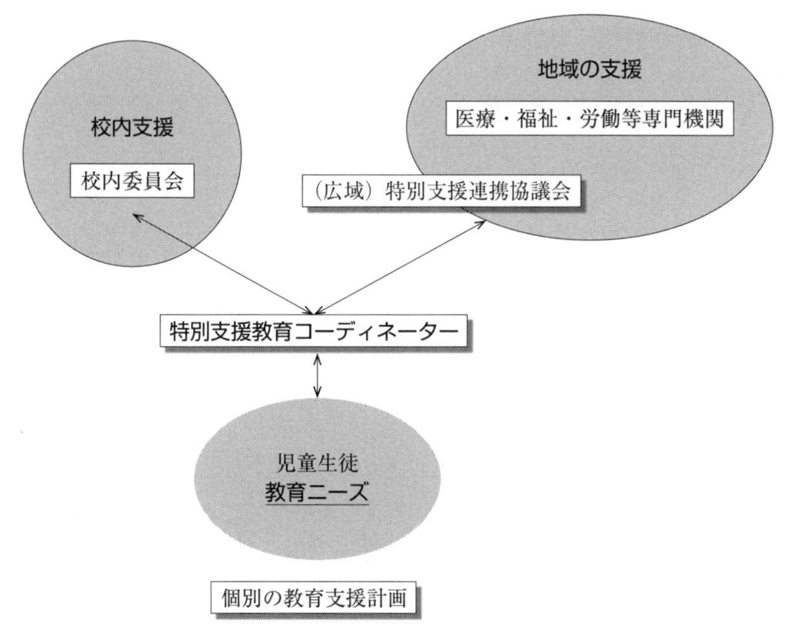

図7－5　特別支援教育コーディネーターの役割（国立特別支援教育総合研究所，2006）

ネットワークを利用し，学習障害(LD)・注意欠如多動性障害(ADHD)・高機能自閉症などを含めた障害のある児童生徒一人一人の教育的ニーズに応じた支援を実現する役割を担っている。また，保護者や関係機関に対する学校の窓口や，学校内の関係者や福祉，医療などの関係機関と連絡や調整する役割として位置づけられている(図7－5)。

特別支援教育を支えるために，次のような仕組みが考えられている。

① 地域の関係機関との連携を推進する「特別支援連携協議会」等の設置

② 校内外の関係者をつなぐ「特別支援コーディネーター」の指名

③ 一人一人の教育的ニーズに対応するための「個別の教育支援計画」の策定

5．高等学校・大学が主に担うサポート体制

(1) 高等学校におけるキャリア教育

高等学校への進学率(通信制を含む)が98.5%(文部科学省，2015(平成27)年)に達している。そこで，高等学校に入学する時点での問題としては，高い学力をもつ生徒から小学校・中学校段階の基礎学力が十分でない生徒もいるといった学力差が生じていることである。同時に，高等学校では，さまざまな能力・適性，興味・関心，進路等をもつ生徒がいるため，高等学校でのキャリア教育の重要性が高まっている。

キャリア教育を推進するための法律として，子ども・若者育成支援推進法(図7－6)がある。子ども・若者育成支援推進法は，関係行政機関の連携を一層深め，不登校や引きこもり，ニート等の社会生活を円滑に営む上で困難を有する子ども・若者に対して，総合的な支援施策を推進することを目的としている。今後は，関係行政機関と地域が連携して，学校段階から切れ目なく子ども・若者への支援体制を構築することが大切である。

また，キャリア教育を学校だけで行うのではなく，地域社会のもつ教育資源

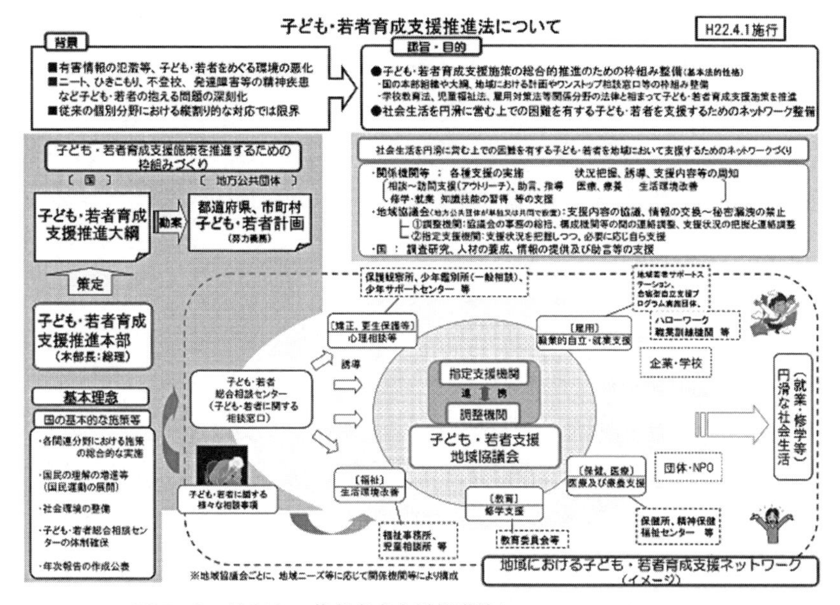

図７−６　子ども・若者育成支援推進法について(内閣府，2010)

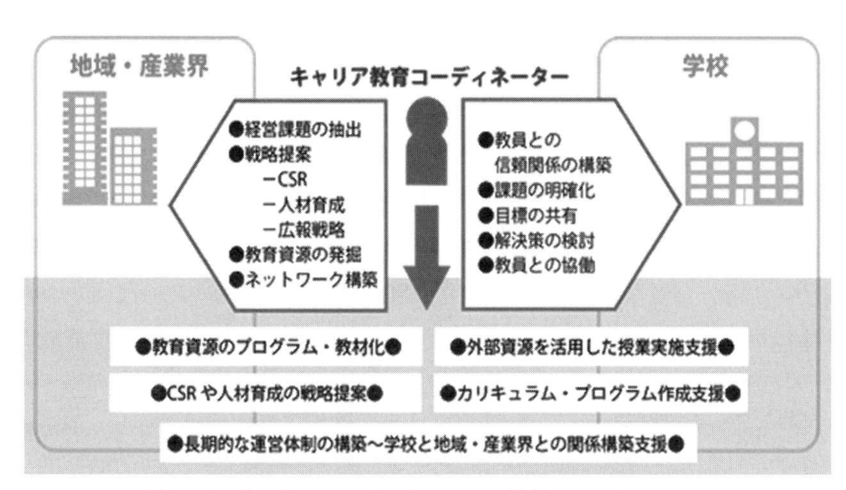

図７−７　キャリアコーディネーターの役割(経済産業省，2011)

を担う人材と学校を結びつけ，児童生徒の多様な能力を活用できる，ものづくりや職場での体験活動等の場を提供する「キャリア教育コーディネーター」の存在が注目されている(図7－7)。子どもたちにさまざまな教育を実施したいという外部の大人たちの気持ちを受け止めながら，学校のねらいや授業の成り立ち，仕組みなどを理解し，双方をつなぐことが期待されている。

(2)　大学におけるキャリア教育

厚生労働省では，キャリア教育プログラムの導入や拡充を図ろうとする大学等のために，職業情報やキャリア・コンサルティングのツールやノウハウなどを活かしたキャリア教育のためのプログラムを開発し，公表している(2014(平成26)年度「キャリア教育プログラム開発事業」)。このキャリア教育プログラムは，「自己理解」「職業理解」「その他(労働市場，労働法，ワークルール等)」の大きく3つにジャンルに分類されている。プログラムを行う際には，職業への興味の理解や解釈に関する説明を受けた後，職業レディネステストの実施，その結果を用いたグループワークを通して職業に関する知識・理解を深める過程になっている。

教育相談においてもこうした地域資源を活用して，子どもたちの自己実現を援助していってほしい。

引用・参考文献

■1章

Freud, S. 1917 *Introductory lectures on psychoanalysis.* The standard edition of the complete psychological works of Sigmund Freud（Vol. 16）. London : Hogarth Press. 懸田克躬・高橋義孝(訳) 1971 フロイト著作集1―精神分析入門― 人文書院

弘中正美 2014 遊戯療法と箱庭療法をめぐって 誠信書房

石隈利紀(編) 1999 学校心理学：教師・スクールカウンセラー・保護者のチームによる心理教育的援助サービス 誠信書房

岩本隆茂・大野裕・坂野雄二(編) 1997 認知行動療法の理論と実際 培風館

金沢吉展 1998 カウンセラー―専門家としての条件― 誠信書房

河合隼雄 1977 無意識の構造(中公新書) 中央公論社

小林正幸(編) 1999 実践入門教育カウンセリング：学校で活かすカウンセリングの理論と技法 川島書店

前田重治 1985 図解精神分析学 誠信書房

Rogers, C. R. 1951 A theory of personality and behavior. In *Client-centered Therapy.* Houghton Miffin Co. 友田不二男(訳) 1967 パースナリティと行動についての一理論 伊藤博(編訳) パースナリティ理論 第4章，pp.89–162.

Rogers, C. R. 1957 The necessary and sufficient conditions of therapeutic personality change. *Journal of psychology*, 21, 95–103. 伊藤博(訳) 1966 パースナリティ変化の必要にして十分な条件 伊藤博(編訳) サイコセラピィの過程 第6章，pp.117–140.

佐治守夫・飯長喜一郎 1983 ロジャーズ－クライエント中心療法 有斐閣

氏原寛 1999 カウンセリング 氏原寛・成田善弘(編) 臨床心理学①：カウンセリングと精神療法―心理治療― 培風館 pp.2–19.

■2章

Bakker, A.B. 2005 Flow among music teachers and their students : The crossover of peak experiences. *Journal of Vocational Behavior*, 66, 26–44.

Benesse教育総合研究所 2012 第2回大学生の学習・生活実態調査

Collins, M.L. 1978 Effects of enthusiasm training on preservice elementary teachers. *Research in Teacher Education*, 29, 53–57.

Damon, W., & Hart, D.　1982　The Development of self-understanding from infancy through adolescence. *Child Development*, 53, 841–864.

今井久登　2003　2記憶の基礎　道又爾・北崎充晃・大久保街亜・今井久登・黒沢学（編）　認知心理学―知のアーキテクチャを探る　有斐閣アルマ p.141.

伊藤順子　2010　7章　親と子のつながりの不思議　川島一夫・渡辺弥生（編）　図で理解する発達―新しい発達心理学への招待―　福村出版　p.96.

Keller, M.M., Frenzel, A.C., Goetz, T., Pekrun, R., & Hensley, L.　2014　Exploring teacher emotions : A literature review and an experience sampling study. In P.W. Richardson,kr S.A. Karabenick, & M.M.G.Watt（Eds.）*Teacher motivation : Theory and practice*（pp.69–82）. New York, NY : Routledge.

Kunter, M., Klumann, U., Baumert, J., Richter, D.,Voss, T., & Hachfeld, A.　2013　rofessional competence of teachers : Effects on instructional quality and student development. *Journal of Educational Psychology*, 105, 805–820.

Montemayer, R., &Eisen, M.　1977　The development of self-conceptions from childhood to adolescence. *Developmental Psychology*, 13, 314–319.

邑本俊亮　2005　意味ネットワークモデル　森敏昭・中條和光（編）　認知心理学キーワード　有斐閣双書　pp.92–93.

中間玲子　2012　青年期の自己意識の発達的変化（1）―理想自己と自己意識特性との関連―　日本教育心理学会第54回総会発表論文集，247.

中山勘二郎　2010　5章　感情と動機づけの発達　櫻井茂男・大川一郎（編）　しっかり学べる発達心理学【改訂版】　福村出版　p.67.

Natof, T.H., & Romanczyk, R.G.　2009　Teaching students with ASD : Does teacher enthusiasm make a difference? *Behavior Inventions*, 24, 55–72.

落合良行　1999　孤独な心―淋しい孤独感から明るい孤独感へ　サイエンス社

Rogers, T.B., Kuiper, N.A., & Kirker, W.S.　1977　Self-reference and the encoding of personal information. *Journal of Personality and Social Psychology*, 35, 677–688.

佐藤有耕　2010　第2部　青年期の人間関係　第Ⅳ章　青年期の友人関係　大野久（編）　シリーズ生涯発達心理学④　エピソードでつかむ　青年心理学　ミネルヴァ書房　p.171.

髙坂康雅　2013　第8章　青年期の発達　櫻井茂男・佐藤有耕（編）　ライブラリスタンダード心理学7　スタンダード発達心理学　サイエンス社　p.173.

谷向みつえ　2005　第6章　愛着障害　大石史博・西川隆蔵・中村義行（編）　発達臨床心理学ハンドブック　ナカニシヤ出版　p.52.

山村豊　2017　第9章発達　児童・青年の発達①知的機能の発達　①具体的思考の獲得

山村豊・高橋一公(編)　心理学【カレッジ版】　医学書院　p.182.
米川薫　2003　第6章　発達のプロセスⅡ―青年期から老年期まで　Ⅰ青年期　平山諭・鈴木隆男(編)　発達心理学の基礎と臨床①　ライフサイクルからみた発達の基礎　ミネルヴァ書房　p.112.

■3章

土井捷三・神谷栄司　2003　「発達の最近接領域」の理論―教授・学習過程における子どもの発達　三学出版
はやしみこ　2011　なっちゃんの声　学苑社
数井みゆき・遠藤利彦(編著)　2005　アタッチメント　ミネルヴァ書房
厚生労働省　2016　国民生活基礎調査
マイケル・ルイス／高橋惠子(編)　2007　愛着からソーシャル・ネットワークへ：発達心理学の新展開　新曜社
文部科学省　2004　通常の学級に在籍する発達障害の可能性のある特別な教育的支援を必要とする児童生徒に関する調査
日本精神神経学会　2014　DSM-5　精神疾患の分類と診断の手引き　医学書院
日本夜尿症学会　2016　夜尿症診療ガイドライン2016　診断と治療社
岡本夏木　1985　ことばと発達　岩波新書
Portman, A. 高木正孝(訳)　1961　人間はどこまで動物か(岩波新書)　岩波書店
Seligman, M.E.P. 平井久・木村駿(監訳)　1985　うつ病の行動学―学習性絶望感とは何か　誠信書房
繁多進　1987　愛着の発達　大日本図書
東京都福祉局　2005　児童虐待の実態Ⅱ

■4章

阿部隆明　2013　双極性障害とパーソナリティ障害―境界性パーソナリティ障害との関係を中心に―　日本精神神経学会学術総会第108回シンポジウム(精神神経学雑誌総会特別号　SS66-74)
アリエス，P. 杉山光信・杉山恵美子(訳)　1980　〈子供〉の誕生：アンシャン・レジーム期の子供と家族生活　みすず書房(Ariès, P. 1960 *L'enfant et la vie familiale sous l'Ancien Régime*. Plon.)
傳田健三　2007　子どものうつ病　母子保健情報　55号　p.69-72.
藤田英典　1988　青年期への社会学的接近　青年心理学ハンドブック　福村出版　pp.141-180.

福富護　1988　青年のセクシャリティの発達　青年心理学ハンドブック　福村出版　pp.474-494.

Hall, G. S.　1904　*Adolescence : Its psychology and its relations to physiology, anthropology, sociology, sex, crime, religion and education*. D. Appleton and Company.

ハヴィガースト，R.J.　庄司雅子(監訳)　1995　人間の発達課題と教育玉川大学出版部（Havighurst R.J. & McKay, D. 1953 *Human development and education*.）

平井信義　1978　登校拒否児―学校嫌いの理解と教育―　新曜社

稲村博　1988　登校拒否の克服　新曜社

笠原嘉　1998　精神病　岩波書店

久世敏雄　2000　青年期の人格形成：疾風怒濤の概念について　愛知学院大学文学部紀要　30　p.35-41.

真野宮雄　1975　公立中等学校の発展　梅原　悟(監修)　世界教育史体系17　アメリカ教育史Ⅰ　講談社　pp.236-259.

文部科学省　「「児童生徒の問題行動等生徒指導上の諸問題に関する調査」の見直しについて」（平成19年）http : //www.mext.go.jp/b_menu/shingi/chousa/shotou/040/shiryo/07052301/002.pdf

文部科学省「いじめの定義の変遷」(平成25年）http : //www.mext.go.jp/component/a_menu/education/detail/__icsFiles/afieldfile/2015/06/17/1302904_001.pdf

文部科学省「平成25年度公立学校教職員の人事行政状況調査について」（平成25年）http : //www.mext.go.jp/a_menu/shotou/jinji/1354719.htm

文部科学省「学校基本調査―平成28年度結果の概要―」（平成28年）http : //www.mext.go.jp/b_menu/toukei/chousa 01/kihon/kekka/k_detail/1375036.htm

文部科学省「不登校児童生徒への支援の在り方について(通知)」（平成28年）http : //www.mext.go.jp/a_menu/shotou/seitoshidou/1375981.htm

文部科学省「平成27年度「児童生徒の問題行動等生徒指導上の諸問題に関する調査」」（平成29年）http : //www.mext.go.jp/b_menu/houdou/29/02/__icsFiles/afieldfile/2017/02/28/1382696_001_1.pdf

中島一憲　2006　教師のうつ―臨床統計からみた現状と課題　発達　106，2-10.

ルソー，J.J. 今野一雄(訳)　1963　エミール(中巻)　岩波書店(Rousseau. J.J., 1762 *Émile, ou De l' éducation*)

(上記，いずれのサイトも，参照2018-01-05)

■5章

藤川洋子　2002　「非行」は語る―家裁調査官の事例ファイル　新潮社

井坂英巳・中田洋二郎・井潤智美　2004　AD/HD児へのペアレント・トレーニングガイドブック　じほう
小池敏英・渡辺健治・雲井未歓・上野一彦　2002　LD児の漢字学習とその支援――一人ひとりの力をのばす書字教材　北大路書房
小池敏英・窪島務・雲井未歓　2004　LD児のためのひらがな・漢字支援―個別支援に生かす書字教材　あいり出版
国立特別支援教育研究所発達障害教育推進センター「基礎的環境整備」http://icedd.nise.go.jp/index.php?page_id=1454
松尾直博　2000　社会的不適応児への対応　堀野緑・宮下一博・濱口佳和　編著　子どものパーソナリティと社会性の発達　北大路書房　pp.216-227.
文部科学省「特別支援教育について　就学基準の改正」http://www.mext.go.jp/a_menu/shotou/tokubetu/003/002.htm
文部科学省「特別支援教育について　第3部　学校用(小・中学校)」http://www.mext.go.jp/a_menu/shotou/tokubetu/material/1298167.htm
文部科学省「特別支援教育について　第5部　保護者・本人用」http://www.mext.go.jp/a_menu/shotou/tokubetu/material/1298171.htm
文部科学省「発達障害を含む障害のある幼児児童生徒に対する教育支援体制整備ガイドライン～発達障害等の可能性の段階から，教育的ニーズに気付き，支え，つなぐために～」(平成29年3月)http://www.mext.go.jp/component/a_menu/education/micro_detail/_icsFiles/afieldfile/2017/03/30/1383809_1.pdf
内閣府　2009　平成21年版障害者白書　日経印刷株式会社　p.46.
サイモン・バロン－コーエン　長野敬・今野義孝・長畑正道訳　2002　自閉症とマインド・ブラインドネス　青土社
(上記，いずれのサイトも，参照2018-01-05)

■6章

アスペ・エルデの会　2013　発達障害児者支援とアセスメントに関するガイドライン
David Wechsler　日本版WISC-Ⅳ刊行委員会(訳編)　2016　日本版WISC-Ⅳ知能検査理論・解釈マニュアル　日本文化科学社
茨城県保健福祉部子ども家庭課　2011　改訂版 子どもの気になる行動確認マニュアル～発達障害児の支援のために～　保育所・幼稚園用
国立特別支援教育総合研究所　2006　慢性疾患，心身症，情緒及び行動の障害を伴う不登校の子どもの教育支援に関するガイドブック
生澤雅夫・松下裕・中瀬惇　2002　新版K式発達検査2001　実施手引書　京都国際社

会福祉センター
国立特別支援教育総合研究所　2006　慢性疾患，心身症，情緒及び行動の障害を伴う不登校の子どもの教育支援に関するガイドブック
西村洲衛男　1964　緘黙症　小学校3年生女子　河合隼雄編　箱庭療法入門　誠心書房
日本・精神技術研究所(編)　外岡豊彦(監修)　1993　内田クレペリン精神検査　基礎テキスト　金子書房
上田礼子　1995　日本版デンバー式発達スクリーニング検査―JDDSTとJPDQ―　増補版　医歯薬出版株式会社
上野一彦・越智啓子・服部美佳子　1995　ITPA言語学習能力診断検査　手引き1993年版　日本文化科学社

■7章

藤崎春代・木原久美子　2010　「気になる」子どもの保育　ミネルヴァ書房
金子功一・持田京子・金子智昭　2016　幼稚園における“気になる子”に関する研究：実習生が認識した子どもの特徴とその対応に着目して　埼玉純真短期大学研究紀要 9，47-53.
経済産業省　2011　キャリア教育総合情報サイト
国立特別支援教育総合研究所　2006　第1章　特別支援教育コーディネーターとは pp.1-10.
厚生労働省雇用均等・児童家庭局総務課少子化対策企画室　2007　地域子育て支援事業実施のご案内
文部科学省　2010　生徒指導提要
文部科学省　2013　学校基本調査
内閣府　2015　少子化対策社会対策大綱(概要)
ニチイ学館　2014　ニーズが高まる産前・産後サポート　32，pp.2-7.
佐野真一郎・池田信子　2014　「気になる子」とその親への支援における課題　豊橋創造大学短期大学部研究紀要　31，15-32.

さくいん

▶さ行

►た行

▶ま行

▶や行

▶ら行

［編著者］

金子智栄子　　文京学院大学人間学部

［共著者］（五十音順）

大芦　　治　　千葉大学教育学部

金子　功一　　植草学園大学発達教育学部

金子　智昭　　埼玉純真短期大学

鈴木　公基　　関東学院大学教育学部

松尾　直博　　東京学芸大学教育学部

吉村真理子　　千葉敬愛短期大学

イラスト／赤木　己恵

教育相談とカウンセリング　子どもの発達理解を基盤として

2018年3月26日　初版第1刷発行
2021年9月2日　初版第3刷

検印廃止

編著者©　金子智栄子
発行者　大塚栄一
発行所　株式会社 樹村房 JUSONBO

〒112-0002　東京都文京区小石川5丁目11番7号
電話　東京（03）3868-7321
FAX　東京（03）6801-5202
https://www.jusonbo.co.jp/
振替口座　00190-3-93169

印刷／亜細亜印刷株式会社　製本／有限会社愛千製本所
ISBN978-4-88367-296-7　乱丁・落丁本はお取り替えいたします。